Lucciole
7

Eva Meijer
Os limites da minha linguagem

Tradução de Luisa Gueiroz
Editora Âyiné

Eva Meijer
Os limites da minha linguagem
Título original
De grenzen van mijn taal
Tradução
Luisa Gueiroz
Preparação
Pedro Fonseca
Revisão
Andrea Stahel
Silvia Feliz
Projeto gráfico
CCRZ
Imagem da capa
Eva Meijer por
Bowie Verschuuren

© 2019 Eva Meijer and Uitgeverij Cossee BV
Published by arrangement with Cossee International Agency

Direção editorial
Pedro Fonseca
Direção de arte
Daniella Domingues
Produção executiva
Gabriela Forjaz
Editora convidada
Alice Ongaro Sartori
Redação
Andrea Stahel
Comunicação
Maria Navarro
Tommaso Monini
Comercial
Renan Vieira
Atendimento
Lorraine Bridiene
Site
Sarah Matos
Conselho editorial
Lucas Mendes

© Editora Âyiné, 2025
Praça Carlos Chagas
30170-140
Belo Horizonte
ayine.com.br
info@ayine.com.br

Isbn 978-65-5998-198-4

Sumário

7 Introdução
11 1. Sobre o desbotamento dos pensamentos e a morte à sua mesa: uma pequena história
31 2. Sobre árvores tortas e a formação da alma
55 3. Sobre cura e o valor da loucura
87 4. Sobre a sabedoria nos meus pés e o corpo-memória
103 5. Sobre firmeza e enraizar-se no mundo – à guisa de conclusão

Introdução

Um fim. Um tubo, um mundo dentro de um mundo (um eu dentro de um eu), pensamentos que se intrometem como filhotes de cuco em um ninho de outros pensamentos, empurrando sem piedade seus irmãos e irmãs adotivos e saudáveis para fora, uma sombra que está sempre presente, mesmo na luz, uma confirmação, uma verdade, uma ilusão, areia pesada na transição entre praia e mar, um mofo que consegue infiltrar seus esporos em todos os cantos, ruído, desaparecimento, cinza que suga todas as cores até que reste apenas a lembrança delas.

A depressão se parece com o luto, e pode ser causada por ele. Também se parece com medo e tristeza, nomes genéricos para o que acontece quando você perde algo, tem medo de perder, quando você cai, ou já caiu. Mas é algo diferente, vem acompanhada de outro tipo de perda — da realidade. Eventos marcantes fazem com que você veja o mundo de outra forma — quando você se apaixona, ganha um novo mundo; quando perde alguém, perde um mundo — e podem te dar a sensação de que você é uma pessoa diferente de antes. Mesmo assim, você continua envolvido com o mundo, enraizado nele, mesmo que temporariamente não o reconheça. Você continua sendo você. Uma depressão justamente põe em dúvida essa conexão entre você e o mundo: você não apenas já não se sente em casa, como também entende que talvez nem exista um lar, um lugar seguro. A depressão pode afetar seu cérebro e o sentido da sua vida, como uma podridão que corrói seus dias. Após uma primeira depressão, você tem mais chance do que a média de ter uma segunda; após duas depressões, é mais provável ter outra do que não ter — e, assim, ela pode se tornar parte da sua vida.

No fim de 2017, meu companheiro me acusou durante uma briga de estar frequentemente melancólica. Fiquei surpresa, pois naquele momento eu não me sentia especialmente triste: a melancolia que acompanha minha vida estava presente, mas não mais do que o habitual. E eu certamente não estava depressiva. Tenho certeza disso porque já estive, de fato, depressiva em parte da minha vida. Não muito depois dessa briga, li um livro em que a autora, ela mesma com deficiência física, dizia com todas as letras que não gostaria de viver sem sua deficiência — e me perguntei como eu via isso em mim mesma. Por muito tempo, achei que minha vida não valia a pena ser vivida, porque a infelicidade com frequência pesava muito mais do que a felicidade. Não quero dizer com isso que nunca vivi coisas bonitas — ao contrário —, mas meu estado de espírito ficou durante longos períodos abaixo de qualquer limite aceitável. E eu não desejaria isso a ninguém. Ao mesmo tempo, minha perspectiva sobre o mundo se tornou mais rica por causa disso e desenvolvi uma forte ética de trabalho. Moro no meu trabalho. Não sei se isso me tornou mais empática e sensível ou se essas qualidades já existiam antes e em parte causaram as depressões. De todo modo, esses eventos me fizeram refletir.

Este ensaio é um reflexo disso, uma pequena investigação filosófica sobre a depressão, na qual uso minhas próprias experiências como material. Não para, como Rousseau escreve no começo de suas *Confissões*, me expor por completo sem omitir nenhum detalhe. Não quero traçar um retrato fiel da minha vida até agora, nem fazer um autorretrato; uso minha própria vida como lente para examinar a estrutura e o significado da depressão. Isso representa apenas uma parte de tudo o que eu poderia contar sobre mim mesma (e ações convertidas em palavras sempre se desviam dos eventos que as originaram). Mas é, ainda assim, uma parte importante da minha vida e algo que me moldou profundamente.

Não acredito que entender melhor o que é a depressão possa curar alguém. Mas isso tem valor. A depressão é mais do que um problema químico — as perguntas que ocupam uma pessoa depressiva são profundamente humanas. Elas tocam também em várias outras questões filosóficas, como a relação entre corpo e mente, linguagem, autonomia, relações de poder e solidão. Este ensaio trata também do outro lado — dos animais, das árvores, dos outros, da arte: trata de consolo e esperança e do que pode dar sentido à vida.

1.
Sobre o desbotamento dos pensamentos e a morte à sua mesa: uma pequena história

Maio de 1994 foi, na minha lembrança, excepcionalmente ensolarado e quente.[1] Meus colegas de escola passavam todos os intervalos sentados no gramado, faziam correntes com margaridas e tocavam violão — o mundo brilhava, a vida era toda promessa. Enquanto eles pulavam alegres, eu afundava a cada passo em um lamaçal invisível. Era como se a gravidade estivesse muito mais forte, como se a terra me puxasse para baixo. Eu tinha quatorze anos e conhecia a melancolia havia algum tempo.

No meu oitavo aniversário, por exemplo, minha tia me deixou escolher um presente numa loja de brinquedos. Escolhi um cachorrinho de pelúcia com filhotes ao redor, num cestinho. Achei muito fofo, mas ao mesmo tempo senti que aquilo não era certo, que eu deveria ter escolhido algo mais responsável. A festa não foi agradável, houve brigas,

---

[1] Na internet encontrei um site sobre o clima ao longo da história, do qual se conclui que 1994 foi principalmente um ano chuvoso, com um verão quente, mas um mês de maio não particularmente ensolarado. Provavelmente reparei no sol por causa dos outros eventos que descrevo.

e uma estranha tonalidade cinzenta tomou conta do dia. Aquilo não estava certo, eu percebia — como os outros podiam fingir que estava tudo bem? Esse sentimento vinha e ia, até aquele maio, quando se fez presente e começou a empurrar todas as outras coisas para longe.

Depois de maio veio junho, e tudo foi ficando cada vez mais cinzento, como em um desenho animado em que a cor vai lentamente se esvaindo do ambiente até que tudo se torna preto e branco. E, então, até o contraste se perde: o branco fica menos brilhante, e o cinza vai engolindo tudo. O mundo ao meu redor tornou-se outro mundo, onde as coisas não iriam simplesmente melhorar, onde era bem mais provável que nunca mais melhorassem. Enquanto meu corpo era tomado por aquele peso, meus pensamentos se agrupavam em torno de um único tema: seria melhor se eu não estivesse aqui. Por muitos anos depois disso, detestei o mês de maio, o cheiro da primavera, o verde e o florescer, e até hoje não fico feliz com o anúncio do verão, não consigo me empolgar com o que está por vir, como algumas pessoas fazem.

Foi por essa época que li pela primeira vez *A náusea*, de Jean-Paul Sartre,[2] em que o protagonista, Roquentin, experimenta exatamente essa sensação de falta de sentido. Achei o livro assustador. Era como se aquilo que eu sentia, e o que Sartre descrevia, tocasse uma verdade crua, uma desesperança que, uma vez descoberta, nunca mais desaparece. Para Sartre, esse vazio não é só algo ruim; é também o ponto de partida para a liberdade. Para ele, nós, humanos, não somos apenas corpos, mas também consciências, e, para ir além da nossa situação física, precisamos encarar a absurdidade e

---

2   J.-P. Sartre, *A náusea*. Trad. Rita Braga. 25. ed. Rio de Janeiro: Nova Fronteira, 2019 (original francês de 1938).

o vazio da vida. Não devemos cobri-los com a ideia de um deus, com a ilusão de consolo ou o desejo de agradar os outros: devemos querer ser livres, e nos realizarmos por meio das escolhas que fazemos e pela responsabilidade que assumimos por elas.

Mas eu não sabia nada disso naquela época. Eu lia sobre Roquentin, que fazia uma pesquisa histórica na biblioteca, sobre sua crescente alienação e a compreensão de que o problema não estava nele, mas no mundo. Sua náusea não era uma reação a eventos aleatórios, mas a um entendimento crescente da existência. O autodidata que também trabalhava na biblioteca, assim como todas as outras pessoas que acreditavam no belo e no bom, era ingênuo e crédulo. Por trás de tudo o que é terrível, não há nada; não se engane.

Adolescentes e existencialistas entendem algo verdadeiro, algo desolador sobre a vida. As crianças talvez não vivam num mundo seguro — já é o mundo real, onde gatos são atropelados, animais são comidos e outras crianças (ou elas próprias, em muitas partes do mundo) vivenciam guerras —, mas ainda não têm, em geral, a dureza dos adultos, ou sua adaptação a essa dureza. O mundo delas ainda é mágico e cheio de vida, tudo ainda é possível. Para o adolescente, no entanto, o mundo se apresenta em toda a sua intensidade. Os primeiros amores podem ser ilimitados, o sentimento transborda em todas as direções. A falta de sentido da vida pode se apresentar assim também: é isso, essa é a verdade da vida, e todos os que têm prazer estão vivendo uma ilusão.

Achei que nunca melhoraria, que sempre me sentiria assim, e, além de todos os sentimentos de culpa, pensava constantemente na morte. A morte, a minha própria morte, ganhou forma nesse período, como uma sombra que estava sempre comigo. Os planos nunca foram concretos, mas estavam constantemente presentes. Falava sobre isso com meus amigos, na escola, com diferentes terapeutas; esses últimos achavam que iria passar. Naquela época, eu gostava de usar roupas muito coloridas, e isso era um dos motivos pelos quais os psicólogos e psiquiatras que consultei não me levavam a sério. Um deles escreveu literalmente que não era nada grave, porque eu usava um gorro de lã verde com uma borboleta, em vez de vestir apenas preto, e porque eu supostamente tinha muito talento. Eu bebia muito, matava aula, brigava com professores — e eu cantava. Isso tudo ajudava um pouco, me fazia passar pelos dias. Eu não achava que estava doente, achava que era má, e tudo o que eu fazia tinha como objetivo silenciar ou afastar esse sentimento. Noite após noite, eu me sentava na janela, fumando cigarros de palha, ouvindo música, escrevendo poemas, canções e cartas — cartas que às vezes eu queimava logo em seguida. Tudo girava em torno de um abismo: é assim que é, estou aqui sozinha, faço tudo errado — e de novo.

O suicídio filosófico e o concreto

Em *O mito de Sísifo*, Albert Camus se pergunta se compreender que a vida é sem sentido deve, necessariamente, levar ao suicídio.[3] Ele considera esta pergunta — se devemos ou não cometer suicídio — a questão filosófica fundamental. A vida é caótica, arbitrária e absurda — nós perguntamos, e o mundo permanece em silêncio, de forma irracional; ele

---

3   A. Camus, *O mito de Sísifo*. Trad. Ari Roitman e Paulina Watch. 12. ed. Rio de Janeiro: Record, 2018 (original francês de 1942). O escritor William Styron, sobre quem voltarei a falar, escreveu que Camus também lutava contra a depressão. Ele até questiona se a morte de Camus em um acidente de carro não teria sido uma espécie de suicídio, já que ele conscientemente aceitou viajar com um motorista imprudente.

não nos oferece o significado ou o sentido que desejamos. Podemos responder a isso acreditando em um deus que criou o universo à sua imagem e lhe deu ordem e propósito. Ou podemos aceitar que a vida é sem sentido e dar o salto para a morte, já que a falta de sentido tornaria a vida indigna de ser vivida. Mas existe uma terceira opção: abraçar o absurdo. Em um mundo onde o absurdo predomina, podemos escolher enfrentá-lo, assim como a contradição que ele traz consigo (querer lutar contra o absurdo, querer escapar dele — o que também é absurdo).

Se fizermos isso, o suicídio não é a solução, mas sim viver a vida da forma mais ampla e rica possível. Como Dom Juan, que persegue suas paixões com total convicção, embora sejam sem sentido; como o ator que vive mil vidas; como o artista que não tenta dar sentido ao absurdo, mas o retrata como ele é.

Camus tem razão ao argumentar que devemos abraçar o absurdo. A absurdidade da vida também é uma fonte de alegria, e o humor é uma das nossas melhores armas contra a falta de sentido. Mas aí está justamente o ponto em que tudo falha quando você está depressivo: você já não vê valor ou graça nesse absurdo. Relacionamentos perdem o sentido, assim como a arte; você se desconecta de si mesmo e do mundo. Durante minha primeira depressão, eu tinha bons amigos, que sabiam como eu estava, mas isso não adiantava nada, porque eu achava que finalmente havia entendido que estava sozinha — e, por isso, de fato estava. Meus pensamentos me isolavam. E tudo era cinza, eu era completamente cinza, uma casca para o sentimento que me tomava. Ninguém mais via que tudo agora era cinza, ou quem eu realmente era — gestos gentis dos outros apenas confirmavam meu ódio por mim mesma. Era também algo totalmente sem saída.

Às vezes minha mãe dizia que os anos do ensino médio são os melhores da sua vida.

Apesar de faltar às aulas e me comportar mal, terminei o ensino médio sem problemas, e depois fui para a Inglaterra estudar canto. Um novo começo, enraizado no antigo. Alguns meses depois, minha tia cometeu suicídio. Não foi totalmente inesperado; ela sofria havia bastante tempo com dores neurológicas severas, e sabíamos que não queria continuar vivendo assim — já havia tentado tirar a própria vida antes, de forma hesitante, mas ao mesmo tempo foi completamente inesperado, como um raio que dividiu o mundo em dois — antes e depois. A morte sempre divide o mundo em dois, claro, mas para mim houve de fato uma mudança na forma como eu achava que as coisas funcionavam. Nem sempre tudo dá certo (certas fraturas continuam abertas mais de vinte anos depois). O que parece impossível pode, sim, acontecer. E com isso não me refiro ao luto ou à tristeza. Eles também estavam presentes, embora minha dor fosse pequena diante da de sua mãe, irmãs e duas filhas. Mas algo realmente se quebrou. Não sei se o suicídio é pior do que outro tipo de morte — isso depende totalmente de quem morre e como. Mas é, sem dúvida, diferente, especialmente no caso de alguém cujas possibilidades de tratamento estavam longe de esgotadas — mal haviam sido tentadas. Nesse caso, há muito, e muito alto, o «e se eu tivesse...» e o «por que eu não...». Havia várias formas de impedir o que aconteceu com minha tia, ou ao menos é assim que parece — no próprio dia, não a deixando sozinha; nos dias e semanas anteriores, insistindo para que fosse examinada por um psiquiatra, talvez até hospitalizada; talvez a medicação tivesse ajudado. Nunca falei com ela sobre sua vontade de morrer.

A tristeza generalizada e o caos após sua morte não ajudaram meu estado de espírito, mas também não mudaram minhas ideias sobre suicídio: suicídio é um fim, não uma solução. (Uma solução implica que algo se resolve, que algo do antigo passa para o novo, enquanto o suicídio apenas leva à ausência do problema anterior.) Só penso que, se você tem filhos, isso se torna praticamente inadmissível. Pelo menos essa seria minha própria decisão — não posso julgar a profundidade do sofrimento (inesperado) de outra pessoa.

O que ficou muito claro para mim naquela época foi que o suicídio concreto está muito distante da pergunta filosófica abstrata sobre se devemos ou não nos matar. Trata-se de um ato de desespero (em resposta a um tormento agudo ou sublimado), que muitas vezes falha,[4] resultando em sangue, ferimentos (às vezes permanentes), e em familiares e amigos apavorados. Quando a tentativa dá certo, há não só um caixão, música e discursos no enterro, organização e questões financeiras, mas também uma carga enorme de culpa e sofrimento para quem fica. Essa culpa e sofrimento deixam marcas, como sulcos que correm pela vida dos que ficaram. Com o tempo, essas feridas se suavizam, mas não desaparecem — assim como o luto, que também não desaparece, apenas muda de forma —, e continuam moldando o que ainda está por vir.

Esculpir um lugar no mundo

Não acho que a pergunta sobre se devemos ou não cometer suicídio seja a questão filosófica fundamental — há tantas. Mas foi, durante muito tempo, uma pergunta que eu

---

[4] Falhar também pode ter bons resultados. Kevin Hines pulou da ponte Golden Gate na adolescência com a intenção de morrer e foi salvo por um leão-marinho. Hoje dá palestras sobre suicídio. Seu relato está disponível on-line.

carreguei comigo. A depressão que começou por volta dos meus quatorze anos durou, com intervalos, uns sete anos. Há anos (aproximadamente dos dezoito aos vinte) dos quais tenho poucas lembranças. Tempo perdido, que deve ainda estar armazenado em algum lugar dentro de mim. Desde os meus 21, houve vários períodos em que estive mal, mas nunca mais por tanto tempo seguido — às vezes alguns meses, algumas vezes cerca de um ano e meio. Considero a possibilidade de um dia voltar a ficar depressiva, mas já faz bastante tempo que estou, na maior parte do tempo, razoavelmente bem. Razoavelmente bem, para mim, nunca significa completamente leve — eu carrego a escuridão comigo, em maior ou menor grau. Isso não quer dizer que eu não viva coisas boas e agradáveis; minha vida é rica. E, enquanto não estou em depressão, tenho sempre a sensação de que estou indo muito bem, mesmo que nem sempre isso seja realmente o caso.

No curso de Filosofia da Universidade de Amsterdã, logo nas primeiras semanas da disciplina de ética, discutem-se o hedonismo e o utilitarismo — correntes que usam a felicidade como medida de valor. Eu tropeçava nessas ideias como estudante, e depois de novo como professora. Independentemente de se tratar ou não de uma forma válida de pensar a ética, o que me surpreendia era o fato de que pessoas pudessem, de fato, ser felizes, ou ao menos buscar isso. Construir uma vida baseada na busca pela felicidade não me parece um bom plano, embora eu goste de contribuir para a felicidade dos outros. Parte do aprendizado de lidar com a depressão é encontrar valor em outros lugares. O trabalho foi, no fim, minha salvação.[5] Aprendi a ligar meu destino ao que eu criava, e assim

---

5   Assim como Camus, Sartre oferece um vislumbre de esperança em *A náusea* por meio da arte; talvez isso seja apenas uma ilusão popular. O inver-

pude colocar entre parênteses a pergunta sobre se eu queria viver ou morrer — e, até certo ponto, a pergunta sobre como eu me sentia. Isso tem pouco a ver com cura; trata-se de adotar uma postura diante de algo que te foi dado. O conteúdo do meu trabalho dá sentido à minha vida, e o próprio trabalho dá forma aos meus dias e a mim mesma. Ensinei a mim mesma uma rotina que me mantém de pé. Ajuda o fato de que sou uma depressiva otimista: tenho vontade de me manifestar, sou disciplinada e combativa. E o bom do trabalho que faço é que meus sentimentos podem acompanhar o que eu crio. A parte final de *Dagpauwoog*,[6] por exemplo, escrevi numa época em que pouco mais podia fazer além de descrever o que me puxava para baixo. Muitas das minhas canções falam sobre cair, e a escuridão às vezes também se infiltra nos meus desenhos. Costumo trabalhar demais, ou pelo menos mais que a maioria das pessoas, mas isso é bom — melhor cansada do que morta. Treinei a mim mesma para viver assim, e funciona; para alguém para quem a existência não é algo natural, já é muito poder cultivar essa postura.

As primeiras coisas que escrevi foram canções. Em «The Letter», Kristin Hersh descreve como é estar presa dentro da própria cabeça. «29 de setembro de 1984, querido fulano, me recolha porque estou perdida, ou voltei ao ponto de partida, estou rastejando no chão, rolando pelo chão.» Acompanhada pelos mesmos dois acordes repetidos, ela canta um quarto à vida — talvez um quarto de hotel, um

---

so também é verdadeiro: minha sensibilidade — talvez a principal razão da minha depressão — é também o que me permite criar. Apesar de soar como clichê, minha vulnerabilidade é, de fato, minha maior força. Meus limites são porosos; o que está fora entra com facilidade e o que está dentro encontra saída. Essa troca contínua entre o eu e o mundo é essencial para criar.

6   E. Meijer, *Dagpauwoog*. Amsterdã: Cossee, 2013.

lugar onde a pessoa a quem ela canta não está e também não pode chegar: o quarto está em sua cabeça. Ela não consegue sair. Mais do que uma canção, é um ritual, uma invocação; ao cantar, ela cria espaço onde não havia espaço.[7] Eu ouvia muito *Hips and Makers*, o disco em que essa música está, quando era adolescente, enquanto me sentava no parapeito da janela e fumava. Também ouvia muitos outros cantores-compositores, comecei a compor e tocar minhas próprias músicas. Cantar ajuda a abrir o coração; o risco com doenças da cabeça é que o coração se feche completamente. Aquelas músicas criavam uma ponte entre mim e o mundo exterior, e cantá-las era, a cada vez, uma maneira de superar a distância.[8] Quando eu cantava, eu existia.

Autorretratos e o estar/não estar presente

A fotógrafa americana Francesca Woodman, que aos 22 anos pôs fim à própria vida pulando de um prédio, criou inúmeros autorretratos em que está ao mesmo tempo presente e ausente.[9] Em suas fotografias em preto e branco, seu corpo nu

---

[7] No livro autobiográfico *Paradoxical Undressing* (Londres: Atlantic, 2011), Hersh descreve como as músicas vêm até ela de fora, cercando-a com força, e que ela precisa tocá-las para se livrar desse som. Isso se reflete em sua música — Hersh cria um mundo estranho, simultaneamente deserto e oceano, um lugar de alívio e ameaça. Criar música exige presença total, e ela também espera isso do ouvinte.

[8] Cantar, para mim, nunca foi expressão de alegria — embora algumas pessoas pensem que cantar na bicicleta indica felicidade. Cantar está muito mais ligado a resistir, a lembrar que ainda tenho uma voz.

[9] Fernando Pessoa escreve muito sobre sentir-se existente e inexistente. «Têm passado meses sem que viva», escreve no fragmento 139 de seu *Livro do Desassossego* (Jandira, SP: Principis, 2019). Ele raramente sonha, não escreve mais nada, cumpre suas obrigações no trabalho, mas seus pen-

é frequentemente tema e material. Na maioria das vezes ela está em movimento, está prestes a desaparecer ou quase desaparecendo no momento em que a foto é tirada: há marcas no chão de terra de uma casa, vemos ainda seu reflexo num espelho, ou apenas um pedaço de suas pernas ou braços. São como aparições, fantasmas que mostram algo sobre como permanecemos como seres mortais, e como nos perdemos. (A fotografia é, por excelência, a arte de preservar: recortamos um momento no tempo para que todos possam vê-lo para sempre — o que apenas sublinha que esse momento já passou.) As fotos mostram essa zona crepuscular entre estar aqui e ter estado aqui. Elas são vestígios. E, nesse sentido, lembram as impressões corporais da artista cubano-americana Ana Mendieta.[10] Sua série *Silueta* consiste em marcas de corpo na terra, corpos femininos desaparecidos na areia, às vezes parcialmente preenchidos com pigmento vermelho. Nós sempre estivemos aqui, diz Mendieta, e sempre partiremos. A obra de Woodman e Mendieta mostra o que vem depois da forma física, o que resta dela. Mesmo quando seus próprios corpos aparecem nas imagens, eles fazem parte de algo maior no qual já estão se dissolvendo.[11]

---

samentos e sentimentos estão paralisados. «Isto, infelizmente, não repousa: no apodrecimento há fermentação.» O suicídio lhe parece um remédio duvidoso para sua profunda exaustão existencial; a morte não bastaria, porque o problema é o sentimento de nunca ter querido existir. Ele tenta curar esse desejo por meio da escrita, que considera um «remédio irônico», adequado apenas para poucos.
10   Ela morreu jovem ao cair da janela de seu apartamento no 34º andar. Seu parceiro, o renomado artista Carl Andre — com quem vizinhos relataram que ela teve uma briga violenta pouco antes de sua morte —, foi acusado de assassinato, mas absolvido por falta de provas.
11   Jacques Derrida afirma que não podemos apagar ou controlar nossos rastros. O que deixamos para trás inevitavelmente ganha vida própria.

Por muito tempo, eu não quis esquecer nada. Foi também por isso que comecei a criar: canções são sentimentos cristalizados, palavras no papel tornam-se algo que talvez não seja mais forte do que eu, mas é mais durável, algo que ganha vida própria, separada de mim.[12] Isso tinha a ver com meu amor pela morte — minha própria morte —, que muitas vezes se sentava num banquinho num canto do quarto, e com o fato de que esse amor me provocava um medo enorme. Mas estava sobretudo ligado à constatação de que tudo desaparece. À medida que envelheço, esse desejo de preservar diminui, e consigo me entregar melhor ao que está sempre em movimento. Talvez isso também seja uma perda. Traz consigo uma certa tristeza, essa repetição cíclica — é preciso saber lidar com ela.[13]

Isso vale tanto em grande escala — como no caso de um romance que cada leitor interpreta de forma diferente — quanto em pequena escala, como nos comentários que deixamos aos outros ou nos presentes e palavras que mudam de significado com o tempo. O significado sempre é fluido. O que aconteceu adquire um novo tom por causa do que acontece depois: em filmes e livro isso pode levar a uma conclusão, um sentimento de realização no final. As pessoas gostam de conclusões e histórias completamente acabadas, então tendem a interpretar suas próprias vidas também desse modo. No lindo livro *O caderno vermelho: histórias reais* (Trad. Rubens Figueiredo. São Paulo: Companhia de Bolso, 2009), Paul Auster escreve sobre acasos ocorridos em sua via e mostra que, na verdade, não há diferença entre acaso e destino. O que acontece tinha de acontecer e isso é algo com que temos de lidar. Os padrões que descobrimos são nossos próprios padrões, mas nem por isso são menos verdadeiros.

12   A arte ganha significado por e para cada pessoa que a experimenta. Meu trabalho, portanto, é maior do que eu e está além do meu controle: cada espectador, leitor ou ouvinte interpreta de forma única. Além disso, a arte se impõe por si só; nunca tive controle sobre o que crio. Justamente por ser algo estranho, que também me vem de fora, maior do que eu, ela às vezes me sustenta.

13   Escrever este ensaio também foi um processo cíclico: ele me trouxe

Na academia de arte, e também nos anos anteriores e posteriores, eu fazia principalmente autorretratos — não por vaidade, mas para me dar forma e investigar o que, afinal, é um «eu». (Também era uma investigação do meu corpo, da forma que eu tinha.)[14] Em um texto sobre o livro hiperíntimo e poético *Strangeland*,[15] de Tracey Emin, Jeanette Winterson escreve que, para artistas, não existe separação entre vida e obra — não porque toda arte seja autobiográfica, mas porque é preciso colocar tudo de si no que se faz.[16] Autorretratos não são necessariamente mais pessoais ou íntimos do que outros trabalhos, apenas oferecem uma lente específica. Para Emin, a separação entre vida e arte sempre foi fluida. Sua vida é, às vezes de forma bastante literal, o tema de sua arte: sua infância em Margate, seus relacionamentos amorosos, sua vida sexual, a relação difícil com a família, sua posição como artista, como mulher, como artista mulher.

Uma de suas instalações mais conhecidas é *My Bed*, que consiste numa cama desfeita com lençóis brancos, toalhas e uma meia-calça, e, diante dela, um tapetinho azul com diversos objetos pessoais: chinelos, maços de cigarro, um cachorro de brinquedo, um cinto, garrafas de vodca, camisinhas, um absorvente. É sua própria cama, onde passou quatro dias após o fim de um relacionamento. Sem comer,

---

de volta a artistas, escritores e músicos que já foram importantes para mim. O sentimento que evocam é como reencontrar velhos amigos: todos mais velhos e mais sábios, compartilhando memórias e novas experiências. Há alegria no reencontro, mas também tristeza pela distância criada com o tempo e pela consciência da transitoriedade da vida.

14 Sempre me senti próxima das artistas performáticas feministas dos anos 1960 e 1970.
15 Emin, Tracey, *Strangeland*. Londres: Hodder & Stoughton, 2006.
16 O texto pode ser lido no site de Winterson: http://www.jeanettewinterson.com/journalism/tracey-emin-2/.

com muito álcool e sexo. *The Guardian* descreveu a obra como uma mistura violenta de sexo e morte,[17] e ela de fato tem um certo ar agressivo (algo que acontece com frequência no trabalho de Emin), mas é também uma cama, com lençóis macios, que remete a coisas agradáveis como sonhar, dormir, fazer amor, ter um bicho de estimação no travesseiro. Foi assim tão ruim, diz essa cama. Ela foi testemunha do sentimento de Emin, e o público é testemunha por meio da cama.

Uma cama é uma ótima imagem para a depressão. Porque muitas depressões se passam na cama e porque ela é um lugar fora da vida real (conheço muitos escritores que trabalham na cama, então pode até ser um lugar de trabalho). É o lugar do sono, do sonho, do entretempo. Em uma depressão, todo o tempo é entretempo, ou contratempo, assim como a pessoa depressiva é alguém que está entre — não está morta, mas certamente também não está viva (quem dera estivesse morta ou viva). Criar uma impressão disso, algo concreto, colocar a cama que te salvou em uma sala branca, pode ser a única coisa sensata a fazer com tudo isso.

Hoje em dia, quase já não faço autorretratos, embora fale por meio de toda a minha obra. Talvez isso aqui seja uma espécie de autorretrato. Existem muitos mal-entendidos sobre a diferença entre ficção e não ficção — como se uma representasse a verdade e a outra invenção. Mas não é assim — a ficção pode ser tão verdadeira quanto, e às vezes até mais do que, a não ficção. Ambas as abordagens oferecem perspectivas diferentes para trazer um tema à luz, e por isso podem se complementar. Uma história pode dar forma a uma certa

---

17   Skye Sherwin, «Tracey Emin's My Bed: A violent mess of sex and death», *The Guardian*, 27 out. 2017.

experiência ou estado de espírito de modo muito diferente, e envolver o leitor de outra maneira, em comparação com um tratado acadêmico ou um retrato biográfico. Pode ser tão específica e precisa quanto. Certas coisas podem ser mais bem ditas em uma linguagem do que em outra. Criar, de qualquer forma, implica uma tradução — e, como diz Winterson, é preciso fazer isso com tudo o que se tem.

A estética do suicídio

Entre artistas, a depressão é relativamente comum, e uma pesquisa sueca em larga escala mostrou que escritores têm 50% mais chance de cometer suicídio do que a população em geral.[18] No ensaio «De levenskunstenaar, naar een esthetiek van zelfmoord» [O artista da vida: rumo a uma estética do suicídio], Patricia De Martelaere investiga se é possível abordar o suicídio como uma questão estética.[19] Ela sugere que, por trás do desejo de morrer de escritores bem-sucedidos mas exaustos, existe um anseio por completude. Funciona assim: segundo Freud, um dos grandes desejos inconscientes das pessoas é o de estar presente no próprio funeral — por isso, muitos sonham com isso. De Martelaere interpreta esse desejo como uma vontade de completar a vida, em vez de ser surpreendido por uma morte repentina. Ela menciona os escritores Hemingway, Plath e Pavese, todos bem-sucedidos no momento em que se suicidaram, e que ainda assim «não

---

18   Falo sobre isso com mais detalhes no capítulo 3. Ver Simon Kyaga, *Creativity and Mental Illness: The Mad Genius in Question*. Londres: Palgrave Macmillan, 2014.
19   P. De Martelaere, «De levenskunstenaar, naar een esthetiek van zelfmoord». In P. De Martelaere, *Een verlangen naar ontroostbaarheid*. Amsterdã: Meulenhoff, 2003.

conseguiram evitar» esse gesto. Esse tipo de suicida trabalha muito, depois entra em colapso, e é «obcecado por uma necessidade de vivenciar, tomar consciência e controlar».[20] No fim, o desejo é estar morto — porque nesse momento a vida se torna perfeita, no sentido de completada. A paixão que alimenta isso é de natureza estética. O suicídio completa a vida, transforma-a em uma experiência — não mais para si mesmo, mas ainda visível aos outros. Alguém coloca, por assim dizer, sua assinatura na vida, e isso dá início à busca dos outros por seu significado completo. Essa finalização remete a um ideal artístico, comparável à conclusão de um romance, que também revela um mundo construído e uma narrativa encerrada.

Em *Perto das trevas*, William Styron relata como, em Paris — cidade que ama —, recebe o prestigioso Prêmio Mundial Cino Del Duca pelo conjunto de sua obra.[21] Antes de viajar, porém, consulta um psiquiatra renomado por causa de uma tristeza profunda. O médico o aconselha a ir, mas também a voltar o quanto antes. Durante a viagem, o estado de Styron piora: ao contrário de muitas pessoas deprimidas, ele ainda consegue sair da cama pela manhã, mas entra em colapso ao longo do dia (literalmente: mal consegue se manter de pé). Isso continua depois que volta para casa. Os medicamentos só agravam sua situação, até que uma internação marca um ponto de virada. O relato de Styron — que considerou seriamente o suicídio e chegou muito perto; já havia queimado seus diários — mostra algo bem diferente da liberdade e, sobretudo, da escolha entre

---

20   Ibid., p. 100.
21   W. Styron, *Perto das trevas*. Trad. Aulyde Soares Rodrigues. Rio de Janeiro: Rocco, 1991.

viver ou morrer que De Martelaere descreve. Styron tem consciência de que está recebendo um prêmio importante, de que tem sorte de contar com sua esposa, sempre ao seu lado, mas não consegue se levantar da lama que o puxa para baixo. Talvez nem todo escritor que se suicida esteja em depressão, mas é de esperar que muitos estejam. E, nesses casos, a decisão de se matar não é uma escolha estética — simplesmente não há espaço para isso. Sugerir que haja, nesse contexto, tem algo de cruel.

A arte pode ajudar a dar forma a certas experiências e à vida. Ela é algo que vem de fora (mesmo para o artista), algo que pode produzir sentido, algo que às vezes pode te sustentar. Se os seus dias não valem nada, eles ainda podem ao menos lhe dar tempo para criar algo belo. Ao mesmo tempo, a arte não é uma solução — no máximo, uma abertura para algo mais leve. Mas, para poder atravessar essa abertura, é preciso ter forças para se mover e colocar as coisas em andamento — algo que costuma faltar à pessoa em depressão.

Os limites da liberdade

Os existencialistas têm, é claro, um ponto válido ao afirmar que a vida é sem sentido quando vista da perspectiva da eternidade — não há um deus (ou deusa) para quem devemos nos esforçar, só temos uns aos outros, e todos acabarão desaparecendo.[22] Essa percepção nua e cortante, que me

---

22 Em *Todos os homens são mortais* (Trad. Sérgio Milliet. 4. ed. Rio de Janeiro: Nova Fronteira, 1989 [original francês publicado em 1946]), Simone de Beauvoir mostra que a imortalidade também não é uma solução. O protagonista do livro é imortal, o que lhe dá uma boa visão da humanidade por testemunhar seu curso ao longo do tempo. No entanto, ele mesmo, após certo tempo, deixa de ser verdadeiramente humano, e não consegue

atingiu tão fortemente na adolescência, ainda é — envolta em diferentes pensamentos — a base de muitos dos meus momentos depressivos.[23] Mas uma abordagem existencialista da depressão, ou do suicídio, tem seus limites. Nosso dever de sermos livres, nosso desejo de liberdade, não é nada realizável quando se está mergulhado em uma depressão severa. Realizar a si mesmo, ser a melhor versão de si que se pode ser, adentrar o mundo — tudo isso deixa de ser possível. Assim, embora a tradição existencialista traga certos insights valiosos, seu lema não pode ser vivido. Quem considera o suicídio por achar que a vida é insuportável, não pode simplesmente, à maneira de Camus, escolher abraçar o absurdo — isso só pode vir depois, se houver um depois (como no caso de Emin, que depois de quatro dias se levanta da cama, ou de alguém que depois de uma internação volta a conseguir ler e escrever).

Essa ideia, aliás, não se aplica apenas ao pensamento sobre a depressão: críticos argumentam que os existencialistas superestimam nossa capacidade de liberdade em geral, pois estamos sempre, de muitas formas, ligados à nossa facticidade — nossa condição física e social. Nascemos dentro de estruturas que influenciam o rumo da nossa vida — nelas pesam o gênero, a cor da pele, o estado psicológico e físico, a classe social, entre tantos outros fatores. Somos corpos,

---

mais amar os outros. Ele enxerga apenas a efemeridade.
23   Não penso que a depressão seja necessariamente uma doença filosófica — pode atingir qualquer um —, mas o vazio que ela provoca e expande sempre esteve, na minha história, ligado a esse tipo de pensamento. A dúvida que a acompanha também tem algo de filosófico. Duvidar de certezas presumidas tem sido, desde Descartes, um método filosófico legítimo. Aplicá-lo à própria vida ou ao próprio valor talvez seja um pouco extremo, mas é rigoroso.

afinal, isso é algo que todos compartilhamos — inclusive com os outros animais. E nisso somos vulneráveis. Essa vulnerabilidade não é algo que se possa ou deva descartar: ela nos mostra que certas coisas valem a pena, e pode ser o ponto de partida para encontrar o outro — alguém completamente diferente, mas que, como nós, está enraizado no mundo como um ser mortal.

2.
Sobre árvores tortas e a formação da alma

A depressão afeta o cérebro. O córtex pré-frontal, localizado na parte frontal do crânio, apresenta atividade reduzida durante episódios depressivos. Essa área cerebral regula funções cognitivas e emocionais. Quando ela não funciona bem, surgem falta de interesse e de concentração, distúrbios de pensamento, e sentimentos de tristeza e desesperança. O hipocampo, responsável pelas nossas memórias, perde volume — o que leva ao esquecimento. Também há disfunções no tálamo, localizado na parte central do cérebro. É ali que os estímulos sensoriais são processados; e essa perturbação pode causar ansiedade e inquietação. Ao redor do tálamo, os gânglios da base — assim como o hipocampo — encolhem, e isso pode provocar lentidão nos movimentos, já que é nessa região que se regula a atividade motora. Em pessoas idosas que tiveram múltiplos episódios depressivos, o hipocampo apresenta maior atrofia do que em outros idosos.[24] A depressão crônica,

---

24   Kari Van Hoorick, «Wat depressie met onze hersenen doet», *Knack Plus Magazine*, 23 abr. 2017. Disponível em: https://www.plusmagazine.be/nl/gezondheid/wat-depressie-met-onze-hersenen-doet/.

portanto, é prejudicial ao cérebro e provavelmente o torna mais suscetível a doenças relacionadas à velhice, como a demência. Quem sofre de depressão desde jovem corre ainda mais risco nesse sentido.[25] O restante do corpo também envelhece mais rápido em pessoas com depressão.[26]

Ou seja, o cérebro da pessoa depressiva muda — mas e a sua alma? Por «alma», aqui, não me refiro a algum espírito invisível e imortal, mas a algo semelhante ao que Wittgenstein menciona em sua obra tardia: alguém, aquele a quem você se dirige quando fala com alguém. Um «eu» que não pode ser reduzido à mente ou à razão, nem puramente às reações do corpo. A filosofia, durante muito tempo, concentrou-se principalmente na cabeça das pessoas, nas suas capacidades racionais. Mas corpo e mente não são tão fáceis de separar. Nosso cérebro é matéria, e o que pensamos está, até a raiz, ligado ao nosso modo de existência como corpos. Nossos «eus» encarnados — e como os compreendemos — são moldados pelas culturas em que vivemos e pela matéria de que essas culturas são feitas.

O mais negro dos negros, o mais branco dos brancos

Na família de Wittgenstein havia, aliás, bastante depressão.[27] Três de seus quatro irmãos cometeram suicídio — os corpos

---

25 Sophia Bennett; Alan J. Thomas, «Depression and Dementia: Cause, Consequence or Coincidence?», *Maturitas*, v. 79, n. 2, pp. 184-90, 2014.
26 Em sua tese de doutorado *Depression, Anxiety and Cellular Aging: Does Feeling Blue Make You Grey?* (Vrije Universiteit Amsterdam, 2016), Josine Verhoeven investiga esse fenômeno.
27 Ray Monk, *Wittgenstein: o dever do gênio*. Trad. Carlos Afonso Malferrari. São Paulo: Companhia das Letras, 1995.

de dois deles foram encontrados, o destino do terceiro é incerto (o quarto, Paul, era pianista de concerto e perdeu uma das mãos na Primeira Guerra Mundial, mas continuou tocando, determinado a se destacar mesmo com uma mão só. Ravel escreveu uma peça para ele, assim como outros compositores importantes da época — mas isso é só um parêntese). O próprio Wittgenstein também passou por períodos difíceis — em suas cartas às vezes aparece um desespero profundo, e durante a Primeira Guerra insistiu em ir para a frente de batalha, não por patriotismo. A filosofia não o tornou feliz; ele nunca estava satisfeito com suas ideias e impunha a si mesmo um padrão tão alto que era impossível alcançar o que tinha em mente. Mas talvez ela tenha sido a oponente de que precisava para evitar algo pior. Seu fanatismo está mais evidente no *Tractatus*, uma construção que pretende igualar o universo, e, naturalmente, falha (esse livro tem, aliás, um dos finais mais comoventes já escritos num livro de filosofia — mas, para entender isso, é preciso lê-lo até o fim).[28] Em sua obra posterior, há mais compaixão pelo fracasso humano.[29] Ele passa a perceber que a linguagem — sua via de acesso à realidade — não é um sistema rígido e carrega em si nossa contingência: a linguagem é, como nós, inacabada, por vezes paradoxal, falha, às vezes pouco acessível e ilógica. Mas funciona — e, segundo Wittgenstein, é nisso que devemos nos concentrar se quisermos compreendê-la. Se queremos

---

28   L. Wittgenstein, *Tractatus logico-philosophicus*. Trad. Luiz Henrique Lopes dos Santos. 3. ed. São Paulo: Edusp, 2020.
29   Estou pensando principalmente nas *Investigações filosóficas* (Trad. Giovane Rodrigues e Tiago Tranjan. São Paulo: Fósforo, 2022), mas o mesmo vale para outros livros posteriores, em particular as «anotações» e «observações».

investigar o significado de um conceito, devemos observar como as pessoas o utilizam.

Ao escrever e falar sobre depressão, muitas vezes se usam palavras grandiosas. Sempre senti uma aversão a comparações entre depressão e monstros, demônios ou feras (especialmente cachorros — o que eles têm a ver com isso?), assim como a metáforas com a cor preta. Em parte porque são imagens tão batidas, em parte porque vejo a depressão mais como ausência do que como presença. Tudo que tem valor vai sendo lentamente raspado, e o que resta é pura rocha. Ansiedade ou tristeza costumam envolver um excesso de sentimento. Já a depressão, por outro lado, arranca os sentimentos bons, deixando o campo livre para os ruins. Enquanto a ansiedade ou a tristeza estão ligadas ao que tem importância, a depressão mostra que nada mais importa. E uma depressão não é preta — muito menos preta como breu. Talvez escura, sim, como uma noite escura, quando a luz se retira do mundo, tornando tudo ao redor mais perigoso, dificultando a orientação — já está mais silencioso que de dia, e o que ainda resta torna-se mais difícil de perceber.[30] Mas, se a depressão tem alguma cor, seria antes o cinza, e às vezes o branco. Branco é a cor do silêncio, do frio cortante, da exclusão, do nada, da perda. Misture todas as cores e, ao que parece, resulta ausência. Branco também é a cor da neve, da minha gata Putih, e do infinito — algumas das coisas mais

---

30   Imagine uma rua iluminada por postes com luz amarelo-clara, terça-feira, quatro da manhã, o cachorro está doente e caminhamos até a água para que ele possa urinar na grama na beira do canal. Não há ninguém na rua. Parece que nunca houve ninguém; até os fantasmas preferem ficar dentro de casa. É especial, por um momento, mas não deve durar.

bonitas que conheço —, mas por si só não é um lugar onde se possa viver. No branco nada cresce.[31]

A metáfora da luta como forma de descrever uma doença, bastante usada também para a depressão, já foi bastante criticada — com razão. Essa imagem parece colocar a responsabilidade no doente: se você não melhora, é porque não lutou o suficiente. Mas, quando se tem câncer ou depressão, muitas vezes não cabe a você decidir se vai se curar ou não. Pode até parecer uma luta, mas o quanto você luta nem sempre determina o resultado. Você pode estar em terapia o tempo todo, tomar remédios, fazer tudo certo — e ainda assim continuar profundamente infeliz. É um acaso o fato de você desenvolver uma depressão — e muitas vezes também é por acaso o modo como ela evolui, se você melhora, ou se volta a adoecer. Há coisas que se podem fazer para enfrentar uma depressão, como mostro nos próximos capítulos, mas, no fim das contas, não depende só de você.[32]

Metáforas, claro, não são inúteis. Imagine que você carrega dentro do corpo um mar. A cada passo que dá, ele se agita um pouco — só o suficiente para que você sinta que é feito de água. Você sabe que essa água é perigosa, que já houve quem se afogasse nela, que debaixo dela não se pode viver. Também sabe que ela está aí, inevitavelmente,

---

31   *O livro branco* de Han Kang (Trad. Maria do Carmo Figueira. Alfragide: Dom Quixote, 2019) é uma investigação sobre a cor branca que, na verdade, trata da perda — não das perdas específicas que conseguimos nomear ou contar, mas da perda que faz parte da estrutura fundamental da nossa existência.

32   O desejo de melhorar, de encontrar sentido na e da vida, tem em si um valor por conter uma promessa — algo a buscar. Talvez não seja esperança em si, mas ao menos a possibilidade de esperança — assim como, segundo Wittgenstein, precisamos da promessa de compreensão para querermos usar a linguagem.

que não há como fugir. Às vezes ela sobe, depois baixa de novo, como as marés — embora sem tanta regularidade. Até que um dia ela começa a subir e subir, e você começa a entrar em pânico. Não há como escapar, porque ela está dentro de você. Ninguém vê isso de fora, embora seus olhos lacrimejem mais que o normal. É melhor deitar e esperar que o nível baixe e você consiga se mover de novo. É melhor não deitar, porque pode ser que você se afogue. (E, nesse meio-tempo, a água sobe e você já está segurando o fôlego há um minuto.)

Ou então imagine que um dia você encontrou a sua própria morte. Porque você queria morrer, porque a provocou. Ninguém encontra a própria morte sem ser tocado por ela, e desde então você carrega uma sombra dentro de si, do lado de dentro do corpo (se o abrissem ao meio, ela apareceria — uma fina camada escura). Por fora, ninguém vê — talvez sua pele pareça só um pouco mais pálida —, mas você sente, especialmente quando está cansado ou triste, e sabe que isso nunca mais vai mudar.

Ou imagine que você caminha numa floresta. O dia está bonito, não é sua primeira vez ali, mas você também não conhece o lugar tão bem, e resolve seguir um novo caminho. Tudo bem, você tem uma noção de como as trilhas se ramificam. Vai para a esquerda, depois novamente à esquerda, depois à direita, e decide que já está na hora de voltar para casa. Quando se vira, não sabe mais de qual caminho veio. Não há pontos de referência — por um momento você acha que reconhece uma árvore, sente alívio, mas logo percebe que é outra. Apressa o passo, está quase escurecendo. Seu celular não tem sinal. Isso pode virar uma boa história, você pensa, tentando se acalmar — dali a pouco estará seguro, dentro de casa. Não está frio, você não vai morrer de hipotermia se não chegar a tempo, vão sentir sua falta e virão procurá-lo. Ainda assim, a sensação de pânico começa a subir do estômago para as pernas. O espaço ao seu redor parece aumentar, você encolhe. Pode haver estranhos escondidos atrás das árvores. Seus ouvidos ficam mais atentos, seus olhos também, a respiração se acelera, o coração bate mais rápido. O cheiro da floresta, antes reconfortante, agora sufoca. Está mesmo escurecendo. Você não consegue mais voltar, vai ficar para sempre preso nesse momento.

Crescer torto

Árvores que crescem sem contratempos permanecem eretas e orgulhosas. Seus galhos primeiro se estendem para cima, depois para os lados, e por fim ligeiramente para baixo, para poderem ceder ao peso da chuva e da neve. Mas a maioria das árvores adultas passou por alguma coisa ao longo da vida — outra árvore que caiu sobre ela, galhos quebrados pelo peso da neve ou da chuva congelada, fungos, buracos feitos por pica-paus ou besouros no tronco. Isso modifica sua forma e deixa cicatrizes. A vida humana funciona da mesma maneira, e nossa forma resulta de tudo que vivenciamos — ninguém permanece completamente inteiro. Um hipocampo atrofiado nos limita, mas a forma como isso acontece depende do quadro mais amplo. Anos marcados por episódios contínuos de depressão são como diários carbonizados, dos quais só se podem ler fragmentos, e o medo de uma nova depressão pode estar sempre por perto. Mas isso não é o único fator que define alguém.

Em *Beasts of Burden*, um livro sobre a forma como pessoas com deficiência e animais não humanos são tratados e vistos, Sunaura Taylor afirma que não gostaria de viver sem sua deficiência.³³ Taylor nasceu com artrogripose múltipla congênita (AMC), uma condição em que as articulações não se desenvolvem de forma comum. Sua deficiência, ela escreve, lhe oferece uma perspectiva única sobre a vida — e a diferença é uma forma de riqueza. Se fôssemos todos iguais, o mundo pareceria mais sem graça, mais opaco. Ela também observa que isso não vale necessariamente para todos: há muitas pessoas que sofrem profundamente com suas deficiências físicas ou mentais e que prefeririam nunca ter nascido. Isso vale também para parte das pessoas com depressão. É difícil encontrar sentido em uma vida com episódios recorrentes e prolongados de depressão — mais episódios depressivos do que bons momentos. O complicado das doenças que se instalam no pensamento é que elas te roubam da sua percepção habitual e da sua resistência, do mesmo modo como as doenças físicas afetam o corpo — e, por consequência, você já não consegue ver como o mundo realmente é. Nem todos saem fortalecidos dessas experiências, e nem todos conseguem suportá-las.

Apesar dessa ressalva, experiências difíceis e dolorosas são formadoras, como descreve Taylor, e oferecem uma visão especial da vida. Eu não desejaria a ninguém viver a minha vida (certamente não em certos períodos), e ainda assim não a trocaria por outra. Isso acontece principalmente porque o que faço está profundamente ligado ao que vivi. Sei como é ser diferente (não só no que diz respeito à loucura) e sei o que é sofrimento — e isso pode ajudar a compreender ou aceitar o sofrimento dos outros. A depressão, além disso, te coloca fora do mundo, permitindo que você o observe de longe.

---

33   Sunaura Taylor, *Beasts of Burden: Animal and Disability Liberation.* Nova York: The New Press, 2017.

Isso é bom para o escritor e para o filósofo; ajuda a formar um juízo próprio. Há muitos problemas na ordem vigente, e pensar por conta própria é muito importante. Como tive de lutar tanto pela minha vida, sou razoavelmente imune à opinião dos outros. O reconhecimento pelo meu trabalho não me enche de orgulho, e elogios não me afetam muito (o contrário também é verdade: uma crítica negativa não me atinge porque sempre sou muito mais crítica comigo do que qualquer leitor). Tudo isso coloca as coisas em perspectiva. Quando a morte está sentada ao seu lado no sofá, os pequenos problemas importam muito menos.

Não sei ao certo como minhas depressões me transformaram, porque também não sei bem quem eu era antes (o «antes» não durou muito), e certamente não sei quem eu teria me tornado. O filósofo francês Michel Foucault escreve sobre o cuidado de si como uma atitude ética.[34] Podemos cultivar a nós mesmos por meio da apropriação de certas práticas e técnicas, e alcançar assim um certo grau de liberdade. Isso lembra o que Aristóteles escreveu na *Ética a Nicômaco* sobre o desenvolvimento das virtudes e a formação do caráter como uma espécie de treino. Para Aristóteles, agir bem não se resume a criar regras morais ou calcular a ação correta com base na felicidade esperada. Devemos agir bem — e, ao fazê-lo repetidamente, tornamo-nos alguém bom. Viver com depressão, que às vezes dura muito tempo, pode ser uma tentativa semelhante de se tornar alguém que consegue viver com a depressão. Isso exige prática, uma atitude estoica diante do que lhe acontece e resistência. Mas voltarei a isso mais adiante.

---

34 Michel Foucault, *História da sexualidade 3: o cuidado de si*. Trad. Maria Thereza da Costa Albuquerque. 7. ed. Rio de Janeiro: Paz e Terra, 2020.

Buracos no mundo

Muitos escritores relataram suas depressões em primeira pessoa. Por exemplo, William Styron, que já mencionei antes, Elizabeth Wurtzel com *Nação Prozac*, ou Andrew Solomon com seu volumoso *O demônio do meio-dia*.[35] Esses livros são uma espécie de relatos de guerra. Têm algo de glorioso — «nós sobrevivemos» —, mas também ameaçador — «cuidado, sempre há uma nova guerra à espreita». Assim como os relatos de guerra reais, eles não deixam de fora os detalhes mais grotescos e registram o tédio das recorrentes crises depressivas, que em sua miséria esticam o tempo ao infinito.

O bioeticista Kevin Aho argumenta que esses relatos são essenciais para que possamos compreender o que é, de fato, uma depressão.[36] Medir quais substâncias são ou não produzidas pelas pessoas ou observar seu comportamento não é suficiente: para entender a experiência depressiva — e, portanto, também para poder tratá-la — é preciso ouvir quem passa por ela. Os testemunhos dessas pessoas revelam um aspecto diferente da doença. O método de Aho para investigar a depressão, baseado nas experiências pessoais de quem sofre com ela, apoia-se em ideias da filosofia fenomenológica. A fenomenologia é um estudo da estrutura da experiência e da consciência, que parte da vivência direta e individual. Os fenomenólogos procuram suspender pressupostos

---

35 E. Wurtzel, *Nação Prozac*. Trad. Maria de Almeida. 2. ed. Lisboa: Presença, 2003; A. Solomon, *O demônio do meio-dia: uma anatomia da depressão*. Trad. Myriam Campello. São Paulo: Companhia das Letras, 2018.
36 Kevin A. Aho, «Depression and Embodiment: Phenomenological Reflections on Motility, Affectivity, and Transcendence», *Medicine, Health Care and Philosophy*, v. 16, n. 4, pp. 751-9, 2013.

sobre o mundo e, a partir da experiência, examinam como as coisas nos aparecem e como nos relacionamos com elas. Investigar a depressão dessa forma começa pela experiência de estar deprimido, buscando a partir daí as estruturas que fundamentam essa vivência.

Segundo Aho, uma depressão perturba a experiência cotidiana de diversas maneiras. Pessoas depressivas muitas vezes sentem uma espécie de paralisia. Por isso, perdem o senso de propósito e ficam presas num presente encharcado, desconectado do resto do mundo — ficam desenraizadas. Uma depressão corta o vínculo com a vivência diária do ambiente e com o funcionamento dentro dele. Isso torna difícil continuar, e faz com que o mundo vivido — aquele sentimento automático de pertencimento ao entorno — desmorone.

A sensação de ser subitamente arrancado dos próprios hábitos e passar a vê-los como estranhos é, segundo o fenomenólogo Martin Heidegger, essencial à experiência humana.[37] Ele distingue entre um medo ou tédio comuns e uma forma mais profunda dessas sensações, que abala a nossa existência por inteiro. Assustar-se com algo ou se entediar enquanto espera o bonde é algo normal — todo mundo já passou por isso. Mas, às vezes, uma experiência desse tipo faz com que você questione a si mesmo e a própria existência. Heidegger relata, como exemplo, um jantar regado a vinho e conversa alegre, no qual — olhando depois — percebeu que estava profundamente entediado. As pessoas animadas, a comida, a decoração, os costumes e os rituais — tudo aquilo que normalmente compõe a vida e nos dá prazer agora lhe parecia estranho: já não o tocava. Esse sentimento não é tédio

---

37 M. Heidegger, *Ser e tempo*. Trad. Fausto Castilho. Campinas, SP; Petrópolis, RJ: Unicamp; Vozes, 2020.

comum; lembra a náusea descrita por Sartre, aquela que mostra que, no fundo, nada vale a pena. Da mesma forma, uma experiência de medo cotidiano difere de um medo existencial, que está ligado à própria existência e coloca em dúvida o seu modo de ser no mundo.

Uma depressão é uma dessas experiências radicais que atingem as fundações do ser. Tristeza, preocupação, cansaço, não querer enfrentar o dia ou a semana — tudo isso acontece com qualquer um, às vezes. Essas sensações também podem fazer parte de uma depressão, mas a depressão em si vai mais fundo e dura mais. Ela afeta as estruturas fundamentais da sua existência: a relação com o mundo (ou seja, com outras pessoas, com o trabalho, com tudo que dá sentido à vida), a relação consigo mesmo (a pessoa depressiva deixa de coincidir automaticamente consigo e cai vítima de pensamentos destrutivos), e a relação com o tempo — especialmente com o futuro.

Tornar-se ilha

Em *A besta e o soberano*, do filósofo francês Jacques Derrida, a solidão fundamental dos seres humanos ocupa o centro da discussão.[38] Derrida aborda esse tema — como sempre — por meio de um desvio. Ele fala sobre o conceito de poder, em especial sobre a suposta supremacia humana, no trabalho de Heidegger, e volta várias vezes à figura de Robinson Crusoé em sua ilha — ao mesmo tempo soberano e entregue às

---

38 J. Derrida, *The Beast and the Sovereign*, v. I e II. Chicago: University of Chicago Press, 2009/2011 (The Seminars of Jacques Derrida). [Apenas o volume I foi traduzido para o português: *A besta e o soberano*, v. 1: 2001--2002. Trad. Marco Casanova. Rio de Janeiro: Via Verita, 2016. (N. E.)]

circunstâncias. Todos somos ilhas, escreve Derrida, temos todos nosso próprio mundo e, ao mesmo tempo, compartilhamos um mundo: o planeta Terra. Nosso domínio parece vasto, mas morremos — e isso, aliás, temos em comum com os outros animais.

Normalmente, você sente ou sabe que estamos todos separados uns dos outros, porque não podemos entrar totalmente no corpo de outra pessoa, nunca conseguimos assumir plenamente a perspectiva, o corpo ou a vida do outro. Ao mesmo tempo, estamos constantemente entre outras pessoas — automaticamente, sem pensar muito nisso. Estamos ligados aos que estão próximos, a colegas de trabalho ou de estudo, à família, aos amigos; estamos enraizados num contexto social que tomamos como dado — mesmo quando há muito atrito envolvido. Você troca umas palavras com um colega, faz piadas com a vizinha, manda uma mensagem para sua irmã, liga para seu amor, abraça seu gato. Todas essas interações formam uma pequena camada de proteção contra a solidão — e não falo aqui de «sentir-se só», mas daquela solidão existencial mais profunda: a consciência de que, no fundo, estamos realmente sós. A depressão não só retira o desejo de se conectar aos outros (ao qual você normalmente responde sem pensar), como torna impossível tecer os fios que ligam você a eles. Quando olha ao redor, você só enxerga aquilo que o separa dos outros, não o que compartilha com eles.

Quando se está deprimido, nada mais parece valer a pena, você perde a vontade de sair, de fazer coisas, e os vínculos com as pessoas próximas não apenas se tornam difíceis de manter —simplesmente deixam de importar. Às vezes isso acontece aos poucos, outras vezes de forma repentina. Uma das primeiras coisas que perco ao entrar numa depressão é a capacidade de me conectar com os outros. O mundo ainda está ali por um tempo, e posso me consolar com os animais. Mas os outros seres humanos ameaçam a distância que preciso manter de mim mesma naquele momento (para me preservar). Se têm envolvimento emocional comigo, não consigo mostrar como estou, preciso me proteger. Isso consome uma energia que não tenho e me faz sentir ainda mais vazia e sozinha. Se são mais distantes, perco o interesse.

Esse processo se retroalimenta. Quem já não sente conexão com os outros, vê a si mesmo como um fardo, e não consegue mais atravessar o espaço que o separa dos outros (que ainda vivem no mundo normal, aquele em que as coisas têm cor, calor, em que as pessoas se reúnem ao redor do fogo com vinho ou chocolate quente), começa a evitar o contato. Amigos e familiares podem ser muito leais, mas com o tempo o círculo social se enfraquece, as interações diminuem, e a pessoa em depressão se sente ainda mais isolada, se retrai ainda mais — e assim por diante. Você pode dizer aos outros que não consegue atravessar essa distância, mas, estando em depressão, não consegue encurtá-la.

Esta também é uma lição para quem convive com alguém em depressão: saiba que você não pode resolver isso por ela. Também não pode melhorar a situação. A única coisa que pode fazer é permanecer. Ajudar com questões práticas como a casa, acionar algum tipo de cuidado (clínico geral, medicação, psicólogo ou psiquiatra), ou convidar para uma caminhada. Não reaja com raiva ou decepção se não houver melhora, se sua ajuda não surtir efeito ou se a pessoa não lhe agradecer efusivamente. Não coloque suas próprias preocupações no centro e cuide também de ter boas coisas para você. Mantenha a calma: pode passar. Um dia vai passar — há esperança, mesmo que a pessoa não consiga enxergá-la.

(Para quem está mais distante: talvez você possa ajudar, mas provavelmente não. Os laços que os uniam não desaparecem — no máximo ficam temporariamente apagados. Não se trata de você, e a culpa também não é sua. E mandar um cartão nunca é uma má ideia.)

O presente vazio

Geralmente vivemos em três dimensões temporais ao mesmo tempo. O futuro nos dá direção — na forma de fazer compras para o jantar, prometer algo a alguém, ou tomar a decisão de escrever um livro. O passado nos dá forma: foi assim naquela época, e agora é assim — lembranças nos ajudam a compreender o presente, um sentimento se parece com outro de antes, e eu sou quem fui, em constante mudança. O presente nos sustenta, nos dá o agora sobre o qual caminhamos, passo a passo. É assim que conseguimos nos mover. A pessoa em depressão é cortada do seu presente; ele se dissolve. As atividades parecem perder o sentido, as necessidades do dia a dia tornam-se quase impossíveis de cumprir. Ela também é cortada do passado, porque quem ela era já não é quem ela é agora, e porque aquilo de que gostava já não parece importante. Mas o mais crucial talvez seja que ela também perde a conexão com o futuro. Porque nada mais vale a pena, não há nada pelo que viver. Durante uma depressão, você entende como é fundamental poder esperar por alguma coisa.

Além disso, as dimensões do tempo começam a se confundir. O futuro se transforma numa espécie de agora repetitivo (com sorte, você consegue enxergar um dia inteiro, mas geralmente é só questão de sobreviver a momentos), o passado vira uma ficção estranha, mais distante do que antes — houve um tempo em que tudo era bom, mas como, agora, parece incompreensível; é um saber nu, desprovido de sentimento. Durante uma depressão, você recebe um novo mapa da sua vida: tudo o que aconteceu até então é apresentado de novo, mas agora sob a ótica da depressão. Eventos costumam ser coloridos pelas memórias, mas o contrário também ocorre: as memórias tomam a cor do humor do momento. O passado não está de fato fixo — ele só te persegue (e, como todo bom perseguidor, vem sempre disfarçado de outro jeito). O desespero atual remete a desespero anterior, que o amplifica, assim como a tristeza evoca uma tristeza mais antiga. Certas coisas do passado podem, de repente, vir à tona — durante uma depressão, são sempre as coisas ruins, nunca as boas.

    O que sobra é um presente vazio. Perdemos a capacidade de nos orientar no tempo. Andrew Solomon descreve a depressão como uma espécie de atemporalidade, em que o passado e o futuro são completamente absorvidos por esse presente perdido. Você não consegue imaginar um futuro melhor, no máximo lembra vagamente de um tempo melhor. Isso, aliás, é uma grande diferença entre a depressão e, por exemplo, o luto. No luto, o passado muitas vezes permanece intacto — embora o futuro esteja comprometido.

O eu vazio

Além de um futuro, você também precisa de confiança para poder viver. Isso se aplica a coisas pequenas e grandes. É preciso confiar que a pessoa amada gosta de você para construir um relacionamento de verdade, que o trabalho vale a pena para que faça sentido trabalhar, que os outros motoristas obedecem às regras de trânsito para que você se sinta seguro em participar do tráfego. Quando essa confiança básica em si mesmo e no mundo desaparece junto com a esperança de que um dia tudo possa melhorar, torna-se quase impossível continuar se movendo. Quem já foi enganado no amor sabe o quanto é difícil voltar a confiar em alguém. Perder a confiança em si mesmo é igualmente devastador. E você precisa de si mesmo para quase tudo. O corpo vazio em que você se transforma durante uma depressão talvez ainda possa ser comandado, mas por que fazê-lo? Também é estranho que os outros ainda te vejam como pessoa — que a escuridão que te engoliu tenha deixado seu corpo intacto.

Too sad to tell you

Diante de uma grande tristeza ou dor intensa, as pessoas geralmente imaginam manifestações extremas de emoção (ainda que isso varie entre culturas): quanto mais profundo o sofrimento, mais forte a reação visível. Embora haja pessoas deprimidas que choram sem parar, cujas lágrimas fluem com qualquer estímulo, há também muitas em que o silêncio toma conta. Eu pertenço a essa segunda categoria — em situações de tristeza já acontece um pouco, e com a depressão isso é certo. Minha expressão facial se torna mais neutra, minha voz mais baixa, minhas reações mais contidas. É como o frio que enrijece a pele; parece algo que vem de fora e se apega a mim. E, quando eu choro, isso não traz alívio — só esgotamento, uma sensação de infinitude.

Talvez a tristeza não tenha desaparecido, mas esteja muito fundo. No curta-metragem silencioso *I'm Too Sad to Tell You*, do artista do desaparecimento Bas Jan Ader, vemos seu rosto de perto.[39] Ader esfrega as mãos nos olhos, nas bo-

---

39 A obra de arte consiste, além de um filme, de outro filme anterior,

chechas, no cabelo, como se estivesse chamando as lágrimas, que logo começam a escorrer. Sua expressão é atormentada e ao mesmo tempo quase abstrata — não é como na TV, quando as lágrimas são provocadas por algo comovente para todos (um cachorro resgatado, pessoas que se reencontram; sempre o amor ou a morte, ou escapar dela). Aqui, a tristeza é estilizada, sem causa conhecida. E, justamente por não sabermos o motivo da tristeza de Ader, ela ganha valor universal.

Ader foi criticado por esse filme ser superficial, talvez até kitsch. Sua sinceridade foi posta em dúvida: estaria ele realmente triste ou apenas encenando a emoção?[40] Mas essa leitura não convence, justamente por causa do caráter estilizado da emoção — o filme abstrai a experiência, tornando-a artificial. A intensidade das caretas sugere sentimentos profundos, mas esses sentimentos não são revelados porque não conhecemos a história por trás deles.

Depressões muitas vezes surgem sem motivo. A pessoa deprimida não sabe por que se sente assim, e o mundo ao redor tampouco entende — veja, já é primavera, você tem a vida inteira pela frente, é tão bonito, tão talentoso. Ader mostra essa distância entre o eu e o outro, separados por um sentimento incompreensível e sem palavras, bem como o seu estranhamento e profundidade.

As ondas

Ao contrário dos autores de memórias citados anteriormente, Ader não usa palavras para mostrar seu sofrimento — ou

---

fotos e cartões-postais. Aqui me refiro ao filme holandês de 1971.
40   Como escreveu Betty van Garrel no jornal *NRC Handelsblad* (1972), Ader era sentimental, um romântico meloso e não muito original.

melhor, um sofrimento coletivo. O fascinante e difícil na linguagem é que nunca conseguimos dizer exatamente o que queremos: sempre dizemos mais e menos ao mesmo tempo.

Menos porque, como escreveu Wittgenstein, uma palavra é uma seta que aponta — não é a coisa para a qual aponta. Mais porque a linguagem nos leva além do individual — as palavras carregam significados sociais e culturais diversos — e podem esboçar um novo mundo.

Memórias sobre depressão muitas vezes limitam o uso da linguagem: a grande narrativa que contam ganha destaque, o objetivo é provocar emoção, mostrar como tudo é terrível. Sexo vende, mas dor também — muitos leitores são turistas de catástrofe. Não quero dizer com isso que essas memórias não têm valor: ao descrever com precisão como se dão suas depressões, os autores oferecem aos outros uma visão sobre a dureza de seus pensamentos e dão contexto a atos que de outro modo seriam incompreensíveis. Mas a linguagem, nesse caso, não participa da experiência — ela é usada apenas como ferramenta.

Há, no entanto, escritores que mostram por meio das palavras o que está acontecendo. Um dos exemplos mais belos talvez seja *As ondas*, de Virginia Woolf. Embora esse não seja um romance sobre a depressão — e outros como *O quarto de Jacob*, *Ao farol*, ou mesmo *Mrs. Dalloway* sejam ainda mais marcados pela resignação —, os personagens de *As ondas* lidam com a passagem do tempo como uma corda escorregadia entre os dedos, com a perda de sonhos e amores, a frustração diante dos desejos realizados e não realizados. Isso é, em parte, o que compõe a matéria da depressão. Os personagens de Woolf geralmente têm uma consciência profunda da finitude e da melancolia das coisas; especialmente as mulheres estão presas a um mundo em que não conseguem florescer.

Em *As ondas*, a linguagem acompanha o esfacelamento da experiência — ou é a experiência que segue a linguagem. O livro começa no escuro: «O sol ainda não se levantara».[41] O mar se distingue do céu apenas por suas ondas, visíveis como pequenas ondulações. Na última frase do livro, as ondas quebram na praia (elas continuam quebrando, sem jamais se despedaçar). Entre uma coisa e outra, vidas humanas se movem como ondas, indo e vindo, fragmentos de conversas e pensamentos emergem e depois somem. Tudo passa, tudo recomeça. O livro não oferece uma história fechada, nem os fatos da depressão ou do absurdo da vida. Ele transmite um estado de espírito que contagia o leitor — se este estiver disposto a investir tempo nele.[42]

A forma que você ganha

As pessoas se desgastam ao longo da vida. A depressão colore esse processo. Ela te desbota, molda você também. O que se aprende com a depressão é que as coisas sombrias que normalmente parecem distantes na verdade já estão dentro de você. Todos nós carregamos a escuridão. A morte já está no nosso corpo, no tempo em que vivemos; afinal, somos seres temporários. Os fins parecem distantes até que de repente estão aí — isso você entende quando alguém que você ama morre, ou quando é deixado por quem ama. A depressão te envolve nesses fins, congela o tempo. O que normalmente nos protege contra o fato de que tudo desaparece são os vínculos que criamos com outras

---

41   V. Woolf, *As ondas*. Trad. Tomaz Tadeu. Belo Horizonte: Autêntica, 2021.
42   Como ler leva tempo, a duração faz parte da obra, o que torna o romance, em comparação com outras formas de arte, particularmente adequado para evocar estados de espírito.

pessoas (amigos, amores, animais), planos para o futuro, a sensação de que ainda assim há coisas que valem a pena. Quando isso tudo se desfaz do jeito que descrevi acima, só resta uma paisagem árida — onde não se pode realmente viver.

As verdades de quem está em depressão e as de quem não está são igualmente verdadeiras. Existem coisas que valem a pena, e tudo passa, tudo desaparece de volta no grande nada de onde veio. A dura consciência desse último aspecto é quase insuportável — mas também pode colocar em perspectiva preocupações superficiais. E, quando o pior passa e voltam a brotar algumas plantinhas entre as pedras, quando há de novo alguns animais vivos e talvez até alguém que segura sua mão de vez em quando, os aprendizados da depressão podem ajudar a orientar a direção da sua bússola. Quem já enfrentou uma depressão sabe que é um desperdício gastar tempo com o que não vale mesmo a pena. Com o superficial (a não ser que você goste, como quem gosta de roupas ou comida) ou com o que é falso. Isso, ao menos para mim, gera uma distância saudável em relação a coisas com que muita gente parece se preocupar: aparência, ganhar dinheiro, se mostrar melhor do que realmente é. As coisas que realmente importam passam a ter mais peso — porque você lutou por elas, porque agora têm valor.

Apesar de estar bem há algum tempo, ainda me considero uma pessoa vulnerável à depressão. Há resquícios (ou seriam apenas partes de quem eu sou?) que voltam de vez em quando. Sinto que me estranho facilmente, que me afasto de mim mesma e da minha vida, e às vezes há, à noite, uma angústia pairando no ar que invade meus sonhos, me acorda, me impede de dormir. É o medo do inevitável: que os cachorros morram, que meus pais morram — no fim, um sentimento amplo demais para ser combatido com argumentos ou pensamentos. Este mundo está desmoronando, estou aqui deitada e tudo já está passando. Às vezes isso é só um pressentimento; é como se eu estivesse sob uma sombra ou sob uma fina camada escura, como se tivessem passado uma aguada de tinta preta sobre mim e o resto. Não estou nem na luz nem na escuridão — consigo ver ambas. Sei que as coisas podem melhorar, que algo está acontecendo e que preciso estar alerta. Também sei que podem piorar: ainda consigo pensar, fazer planos, me mover. Nessa fase, presto atenção redobrada para continuar correndo e saindo de casa. Quando é preciso, coloco meus pensamentos entre parênteses (isso é só um pensamento, não é real; não importa o que eu penso, só preciso continuar) e aceito que há dias perdidos, dias que não valem nada. Eles passam, e vêm novos dias.

Sei que um dia voltarei a ficar depressiva — a menos que, de repente, tenha muita sorte, mas isso não parece provável. Quando algo ruim acontece, vigio meu estado de espírito como um médico: o que estou sentindo agora? A quem ou a que se liga essa dor? Que cor tem o céu? Consigo ver em cores? Há quanto tempo não? Se acordo com uma dor vaga no estômago (claramente diferente de uma dor física), faço o mesmo: o que estou pensando, como me livro disso ou como posso carregá-lo do jeito menos desconfortável possível? Parte importante de se acostumar a viver — e a si mesmo — é aprender como se carregar melhor. As pessoas subestimam o quanto é difícil se acostumar a viver, esquecem que para muita gente viver não é algo que se consegue logo de cara — e que algumas pessoas nunca aprendem.

Além desse tipo de cuidado prático cotidiano, minha vulnerabilidade à depressão também afeta o modo como penso o futuro. Por muito tempo, não quis ter filhos porque queria manter o direito de encerrar minha vida. Houve muitos dias em que a única fonte de consolo era saber que eu podia acabar com tudo. Agora que não estou em depressão, essa ideia me parece grandiosa, dramática, e eu mesma carrego certo preconceito: o de que, se alguém consegue falar e escrever sobre o que viveu, então já superou. Mas isso não é verdade. A depressão é um sentimento muitas vezes sorrateiro, adormecido e, por vezes, totalizante — que pode perfeitamente me matar. Lancei várias âncoras, construí barragens, estou relativamente segura aqui, mas ainda assim sei que pode dar errado — e esse saber passou a fazer parte da maneira como compreendo a mim mesma e minha vida. Isso talvez seja menos grave do que parece. Manter viva uma pessoa com depressão crônica e recorrente pode ser bem mais difícil.

Nas *Cartas a Lucílio*, Sêneca demonstra uma atitude bastante tranquila diante da morte.[43] Segundo ele, o que importa não é simplesmente viver, mas viver bem. A vida é uma encenação, e o importante não é quanto tempo ela dura, mas quão boa ela é. Morrer não é grave: viemos do nada e a ele retornamos. Nunca ter nascido não prejudicou ninguém — então, por que temer ser prejudicado ao morrer? Ele acrescenta que a morte deve ser preferível a uma vida ruim. Mais ainda: não devemos reclamar da vida, já que ninguém nos obriga a permanecer nela. Sofremos de uma doença que vai passar? Então devemos suportá-la (e depressões normalmente passam — não se esqueça disso, mesmo que pareça que não, mesmo que os dias durante a depressão sejam longuíssimos).

---

43   Sêneca, *Cartas a Lucílio*. Trad. J. A. Segurado e Campos. 9. ed. Lisboa: Fundação Calouste Gulbenkian, 2024. (Há uma edição brasileira com a seleção de algumas cartas: Sêneca, *Aprendendo a viver: Cartas a Lucílio*. Trad. Lúcia Sá Rebello e Ellen I. Neves Vranas. Porto Alegre: L&PM, 2008.)

Mas, se não há chance de cura, devemos tomar o controle da situação e buscar a morte. Ele cita exemplos de pessoas que, mesmo em circunstâncias extremas, conseguiram escolher morrer — como um escravo que, no caminho, enfiou a cabeça entre as rodas de uma carroça até quebrar o pescoço, ou um gladiador que enfiou uma vara com uma esponja goela abaixo até sufocar. Viver como Sêneca propõe é difícil, porque como seres humanos tendemos a nos apegar a tudo. E precisamos desse apego — ele faz parte de viver bem, e vale a pena cultivá-lo. Mas é verdade que a morte faz parte, e que há coisas piores do que ela. «Não existe caminho sem fim», acrescenta ele, com leveza.[44]

---

44   Id., «Carta LXXVII – Do suicídio». In Id., *Aprendendo a viver*, op. cit.

3.
Sobre cura e o valor da loucura

Uma máquina giratória consiste em um mastro fixado no chão e no teto, ao qual está presa uma estrutura simples de engrenagens. O melancólico se senta numa cadeira ou deita numa cama presa ao mastro e é firmemente amarrado com uma camisa de força. A seguir, ele ou ela é girado cada vez mais rápido. Se o paciente entrar em estado maníaco, pode-se optar por um ritmo interrompido. Segundo Mason Cox, que descreveu essa máquina, o método era muito eficaz no combate à melancolia. No século XVII, pessoas acometidas por melancolia eram centrifugadas em diferentes lugares como forma de tratamento.[45] O corpo era tratado para aliviar os sintomas; a doença ainda não era vista como um distúrbio mental.[46] Além da máquina giratória, usavam-se música, peças de teatro encenadas para ou com os «loucos», e provocar medo também era uma prática terapêutica aceita.

---

45 Ver os capítulos 5 e 6 de Michel Foucault, *A história da loucura na idade clássica*. Trad. José Teixeira Coelho Netto. 12. ed. São Paulo: Perspectiva, 2019. Abordo esse livro com mais profundidade neste capítulo.
46 A histeria, por exemplo, uma doença feminina típica, foi atribuída a um útero em movimento pelo corpo (Foucault, *A história da loucura...*, op. cit., cap. 5). Mulheres consideradas loucas frequentemente foram esterilizadas contra a vontade ao longo da história. Ver, por exemplo: Kathryn Krase, «History of Forced Sterilization and Current U.S. Abuses», *Our Bodies, Ourselves*, 2014.

Por trás desses métodos estavam ideias sobre os «espíritos vitais», que, na melancolia, eram escuros e sombrios. O mundo do melancólico era pesado e frio. Essa linha de pensamento vinha do trabalho de Hipócrates, que acreditava que o estado de ânimo das pessoas era determinado por quatro humores corporais: sangue, fleuma, bílis negra e bílis amarela. As pessoas podiam ser classificadas de acordo com a composição desses humores: excesso de sangue tornava alguém fogoso e enérgico (sanguíneo), excesso de fleuma tornava alguém fleumático, excesso de bílis amarela o deixava irritável, e excesso de bílis negra causava melancolia — o que se chamava de «bilioso». Galeno, um médico greco-romano do século II, relacionou esses humores ao quente, frio, seco e úmido — o excesso de bílis negra levava ao frio e à secura. Essas ideias sobre o temperamento humano só foram refutadas por volta da metade do século XIX.

Em *A história da loucura*, Michel Foucault mostra como, às vésperas da modernidade, a forma de pensar sobre doenças mentais começou a mudar. No período pré-moderno, a melancolia, assim como outras anomalias psíquicas, fazia parte do espectro da experiência humana; não era necessariamente algo irracional. Com a modernidade, a loucura passou a ser vista em oposição à razão, e a melancolia foi localizada na cabeça do paciente.

A terapia acompanha os modos de pensar sobre a loucura e está sujeita a modas, como mostram os exemplos anteriores. Virginia Woolf mandou arrancar três dentes como tratamento para suas depressões — algo de que mais tarde se arrependeu profundamente, quando viu que não ajudava em nada. Eu cresci numa sociedade que vê a terapia — em forma de conversa e pílulas — como a resposta para os males da mente. Nas revistas femininas da minha adolescência, havia artigos tristes, mas também otimistas e informativos, com relatos sobre anorexia, borderline e outros transtornos. Neles, sempre se enfatizava que tais doenças tinham cura, e que era preciso conversar sobre os problemas e buscar ajuda. Para problemas físicos, vá ao médico; para problemas psíquicos, vá ao centro de saúde mental.

Durante a depressão que começou quando eu tinha quatorze anos, fui me perdendo cada vez mais. A doença se infiltrava nos meus pensamentos, deixando apenas um vazio de inutilidade. Procurei ajuda, então, num centro de atendimento, onde uma mulher simpática, com o ar de um pano de prato muito lavado, me deixava falar por 45 minutos a cada duas semanas sobre minhas angústias — sem que eu tivesse a menor ideia de para onde aquilo levaria, e sem que eu me sentisse sequer um pouco melhor. Acho que ela não sabia nem entendia como eu estava, e essas conversas faziam com que me sentisse ainda mais sozinha.

Meu estado foi piorando aos poucos. Eu bebia muito e saía quase todas as noites, matava aula com frequência porque simplesmente não conseguia ficar um dia inteiro dentro da sala. Também comecei a comer menos. Parecia uma boa forma de me punir e tentar controlar aquela sensação avassaladora. E, num primeiro momento, funcionou. Eu sentia menos, e meus pensamentos tinham finalmente algo em que se fixar. Eu avaliava meu corpo o tempo todo, pesava e media o quanto conseguia fechar os dedos ao redor dos meus pulsos e coxas.

Emagrecer pode começar como uma escolha consciente, mas em algum momento — quando já se perdeu peso demais — a balança se inverte, e o emagrecimento passa a controlar você. A depressão toma conta dos seus pensamentos e colore o mundo ao redor, mas sempre manteve, para mim, uma certa verdade existencial (a vida às vezes é insuportável), mesmo que envolvesse ideias falsas, que bem poderiam ser chamadas de «loucas». Já o transtorno alimentar me ditava coisas que eu sabia que não eram verdadeiras, mas que mesmo assim eu tinha de seguir. Eu sabia muito bem que estava magra, magra demais, cada vez mais magra — e, ainda assim, não era magra o suficiente. Eu sabia que tinha tanto direito quanto qualquer outro de existir, mas mesmo assim sentia que não tinha esse direito. Eu sabia que estava morrendo aos poucos, sem que isso fosse de fato necessário — e, mesmo assim, era necessário.

Com loucura, quero dizer algo como o seguinte: o mundo que os outros veem e no qual vivem ainda existe, mas já não é o meu. O espaço entre esse mundo e a minha experiência é o que revela a minha loucura. Não necessariamente a experiência em si — ela simplesmente existe. Mas, por não coincidir com aquilo que sei que é verdadeiro, segundo o que os outros pensam ou o que eu mesma pensaria se não estivesse louca, sei que isso é loucura. Junto com isso vêm pensamentos que já não parecem meus e que consigo criticar, às vezes até enquanto os estou pensando, entrelaçados a um sentimento que varia de medo a tristeza profunda — e cuja intensidade torna impossível funcionar normalmente.

Um exemplo é o pensamento: «eu preciso morrer». Eu sei que não há nenhuma razão para isso, sei até que não é verdade — e, ainda assim, é verdade. Em termos de sensação, uma crise de pânico é um bom exemplo: não há nenhum animal feroz correndo atrás de você, você não está caindo num abismo, e mesmo assim seu corpo entra em alerta total — seu estômago parece despencar, você respira alto demais, sua pele formiga, o pânico sobe do seu diafragma. Uma crise assim é como uma tempestade que te pega de surpresa, da qual só se pode esperar passar — não tem a ver com sobrevivência. É excesso, loucura, uma experiência desnecessária que te arranca do mundo e depois te devolve a ele — você é só um corpo que pode ser erguido no ar a qualquer momento. Melhor é ceder um pouco e deixar-se levar.

A loucura pode ser comparada ao estar apaixonado (no século XVII, a doença de amor também era considerada uma forma de loucura). Nesse caso também somos tomados por algo que, na verdade, é estranho. Você ganha um mundo — o do outro — e perde o seu próprio, como ele era antes. Seus pensamentos e sentimentos são sequestrados, tornam-se desconhecidos e difíceis — ou mesmo impossíveis — de controlar; eles continuam retornando, sem que você os chame, ao objeto do seu amor. Você pode se render ou resistir, mas não consegue simplesmente extinguir esse sentimento (a não ser que o ignore tempo suficiente, o que às vezes ajuda a apagá-lo). Estar apaixonado, ou viciado em alguma droga, difere da loucura porque o foco está em algo externo a você — mas ainda assim mostra que não temos total domínio sobre nós mesmos.

A loucura faz com que você não possa confiar em si mesmo. Só podemos usar nossa própria bússola, e, se essa bússola gira em círculos o tempo todo, você se afasta cada vez mais do seu destino — não importa para onde esteja andando.

Em *Filosofie van de waanzin*[47] [Filosofia da loucura], Wouter Kusters defende uma nova forma de pensar sobre a loucura. Com isso, ele se refere especificamente a episódios psicóticos, que vê não como uma contração da consciência, ou um desvio, mas como uma ampliação. Uma psicose

---

47 W. Kusters, *Filosofie van de waanzin*. Roterdã: Lemniscaat, 2014.

questiona a realidade como a maioria das pessoas a conhece, vira essa realidade de cabeça para baixo — e, ao descartá-la como algo inferior, como faz por exemplo a linguagem da psiquiatria, perdem-se a sabedoria e a riqueza que ela pode conter. Kusters não está dizendo que é bom estar em psicose — apenas que é uma experiência que traz seus próprios insights sobre a condição humana. Ele chama sua última psicose de um desastre pessoal, mas uma bênção para o livro que estava escrevendo.

Segundo Kusters, a psicose inverte tanto a realidade da pessoa psicótica que parece que é o mundo que mudou, e não ela. Durante uma depressão, o mundo também se torna irreconhecível — mas de outro modo. A pessoa depressiva se volta para dentro, enquanto alguém em psicose está intensamente voltado para o mundo exterior (por exemplo, por meio de pensamentos paranoicos ou delírios de grandeza). O aspecto mágico da psicose está ausente na depressão, e, na minha experiência com a depressão, o enriquecimento descrito por Kusters — essa expansão do mundo, que para ele também pode ser provocada por drogas — é justamente o oposto: uma restrição, tudo fica mais árido. O hiper-realismo que ele descreve (e a estranheza que o acompanha) me é familiar, assim como o espaço entre a minha experiência e a dos outros. Mas a depressão é um cenário de inverno, enquanto a psicose, ao menos na descrição de Kusters, é pleno verão.

Desaparecer lentamente

Durante alguns anos, flutuei num mundo paralelo ao mundo real, regido por regras estranhas sobre caminhar, pedalar e, às vezes, comer uma maçã. Minha anorexia não estava ligada a comida ou emagrecimento: era uma forma eficiente de desaparecer. O desaparecimento literal acontecia à vista de todos. Magreza extrema atrai a atenção e faz de você, aos olhos dos outros, um caso clínico — ao mesmo tempo, serve como máscara. Um corpo reduzido a ossos torna-se, de certa forma, anônimo, sua forma desaparece, a pessoa vira paciente. Mas o meu desaparecer era outro: deixar de comer reduz quase toda a experiência ao pensar sobre comida e sobre o corpo — e isso é uma distração eficaz de outros problemas.

Em *Um artista da fome*,[48] Kafka descreve alguém que transformou o não-comer em profissão. O personagem tem muito orgulho disso. Em cada cidade por onde passa, jejua por quarenta dias — gostaria de jejuar por mais tempo, mas o público perde o interesse. O jejum é monitorado dia e noite, curiosamente por açougueiros, como ele mesmo observa. O que mais detesta são aqueles que, à noite, sentam de costas para ele e jogam cartas, dando-lhe a chance de comer às escondidas — não acreditam que ele realmente *não quer* comer. Às vezes ele canta, enquanto pode, mas seus guardiões pensam apenas como é impressionante ele conseguir cantar *e* comer.

Após anos viajando, o artista da fome vai trabalhar num circo, onde lhe é permitido jejuar o tempo que quiser. No início, o público ainda o visita, mas logo segue direto para os tigres e elefantes — e então se esquece dele. Na cena final, até os cuidadores o esqueceram. Quando alguém vai limpar a jaula e o encontra, ele diz que gostaria que tivessem orgulho dele. Depois diz que não, que não quer que tenham orgulho. Por fim, diz apenas que nunca encontrou

---

48   Franz Kafka, *Um artista da fome e A construção*. Trad. Modesto Carone. São Paulo: Companhia das Letras, 2017.

nada que tivesse gosto — e todo o orgulho que ele tinha de seu jejum desaparece do olhar. As outras pessoas — antes o público, agora os funcionários — são indiferentes. Não se importam se ele jejua, nem sequer se está ali. O jejum é um vício que, como outros, reduz o ser humano a um viciado. E, quando o artista da fome percebe que não há nada de nobre nisso, é tarde demais.

Kafka mostra que é decepcionante — jejuar é uma conquista, mas que a longo prazo devora tudo.[49] Anorexia, além disso, é extremamente entediante. Você pensa sempre nas mesmas coisas, e nunca é o suficiente.

Acabei dormindo cada vez menos. Um corpo entra em modo de alerta se não recebe combustível suficiente, e deitar dói quando as vértebras sobressaem demais — o corpo vira um grande hematoma. Até deitar em um colchão dói (o mesmo acontece com os ossos das nádegas ao sentar). No *Livro do desassossego*, Pessoa escreve que o mundo que ele encontra em seus sonhos é o mundo verdadeiro, e a vida acordada, uma pálida cópia. A monotonia e o sofrimento, os objetivos inúteis do dia a dia o sufocam, e a única saída possível são os sonhos. Eles formam um mundo diferente dentro deste mundo. Quando tive anorexia, os sonhos — quando eu finalmente dormia — apenas duplicavam a realidade. Enquanto dormia, eu cerrava os dentes, mastigava; algumas vezes vomitei no travesseiro — bile — porque sonhara que tinha comido.

A filha anoréxica de uma amiga da minha mãe, certa vez, comeu seus protetores auriculares enquanto dormia, de

---

49 Sobre os hábitos alimentares de Kafka, há também escritos (inclusive dele mesmo). Alguns acreditam que ele sofria de anorexia, ver por exemplo M. M. Fichter, «The anorexia nervosa of Franz Kafka», *International Journal of Eating Disorders*, v. 6, n. 3, pp. 367-77, 1987.

tanta fome, e depois vomitou, porque havia ensinado seu corpo a reagir assim à comida. Não havia escapatória, pois meu corpo era minha prisão. Durante o dia, meus pensamentos ainda conseguiam conter o medo — em parte, não sempre —, mas à noite era a morte lenta que tomava conta. Às vezes, eu saía no meio da noite para tentar andar e aliviar o pânico. O canal era muito silencioso; entre os juncos havia galinhas-d'água flutuando, patos deitados nas margens com o bico sob as penas. Eu colocava um pé diante do outro, e assim a calçada me carregava pelo tempo.

A noite começou a invadir o dia. Eu andava e pedalava e não conseguia evitar escorrer por entre meus próprios dedos — não conseguia evitar que meu coração batesse estranho, que minhas mãos e pés estivessem azuis, assim como minha coluna. Não existir dentro de um corpo existente dói. Eu sentia frio o tempo todo, fome o tempo todo. É um mito a ideia de que anoréxicos não sentem fome. Naquela época, ainda estudei filosofia e musicologia por um ano, mas lembro pouca coisa. Dez anos depois, quando voltei a estudar filosofia, descobri que havia passado em dez disciplinas da primeira vez — só lembrava que tinha de refazer uma delas; todos os bons resultados haviam sido esquecidos.

Cheguei a um fundo do poço físico — tomei um banho tentando me aquecer, mas não conseguia sentar, doía demais, e de repente, ali nua no banheiro, percebi que estava mesmo morrendo. Cortei meu braço, fui ao clínico geral, que me receitou um antidepressivo. Nas semanas seguintes, meus pais e eu encontramos uma boa psicóloga, especializada em transtornos alimentares. Ela me disse que provavelmente eu teria de ser internada. Achei uma boa ideia. Viver com um transtorno alimentar é horrível e eu não queria mais continuar daquele jeito — então, ou eu melhorava ou morria.

Poucos meses depois do meu vigésimo aniversário, fui internada numa clínica especializada em Leidschendam. Meus pais e minha irmãzinha me levaram, como se eu fosse fazer uma longa viagem. O carro estava cheio de livros, roupas, minha câmera. Eu também precisava levar meu próprio edredom.

A clínica

A clínica era construída em forma de quadrado; meu quarto dava para o pátio interno. A cama ficava encostada no aquecedor sob a janela. Nas primeiras noites, eu me deitava junto ao aquecedor e pensava apenas: esta é minha última chance.

Fui colocada na terapia em grupo. O grupo era composto de oito pessoas e era voltado para quem ainda tinha perspectiva de futuro — ao contrário da ala individual do outro lado da clínica, onde estavam os pacientes crônicos.

No primeiro dia, ainda não participei das terapias. Fui, junto com outra recém-chegada, G., que mais tarde apelidamos de Fantasma, ao centro médico do outro lado do terreno. G. não perguntou meu nome, apenas meu peso. Foi uma caminhada agradável. A clínica fazia parte do sistema de saúde mental Rivierduinen, e o terreno abrigava vários prédios — alguns ocupados por pessoas com outros transtornos mentais, mas também havia um ginásio, um refeitório e até uma fazendinha. Árvores imponentes ladeavam os caminhos. Nosso prédio ficava num canto do terreno, em frente a um canal; atrás havia pastagens. No centro médico, tiraram meu sangue e fizeram um eletrocardiograma. Voltamos andando juntas. Tive de segurá-la duas vezes porque ela desmaiou.

O tratamento consistia em ganhar peso — era preciso «crescer» um quilo por semana; se você não alcançasse isso duas vezes, era expulsa — e participar de diversas formas de terapia. Esse ganho de peso pode parecer exagerado, mas, se a pessoa estiver magra demais, a terapia não funciona. Ela deixa de ser ela mesma, corpo e mente entram em modo de sobrevivência. Com baixo peso, até se podem discutir racionalmente os problemas subjacentes, mas o sentimento está morto. Além disso, o padrão alimentar precisa ser alterado, e para isso a pessoa com anorexia precisa abrir mão do controle. Um meio-termo entre alimentação normal e transtorno alimentar apenas perpetua a barganha e a contagem obsessiva. Como é extremamente difícil reverter um padrão alimentar por conta própria, devido à loucura que isso acarreta, a internação, no caso de um transtorno alimentar grave, não é luxo.

Entre as terapias, eu fumava tabaco com minhas colegas pacientes no pátio. Não recomendavam parar de fumar; eu só parei depois, quando voltei a cantar.[50] As conversas com minhas companheiras no pátio tornavam mais fácil ultrapassar a barreira de retorno ao mundo. Nelas eu via o que eu mesma estava fazendo e por que aquilo não fazia sentido. Pode ser terapêutico, portanto, ao menos compartilhar esse tipo de loucura — saber que há outras pessoas passando pelo mesmo e que conseguem sair disso. Embora nem todas consigam. Cerca de 45% dos pacientes se recuperam completamente, 30% melhoram parcialmente e 25% não se recuperam. Muitas pessoas com anorexia se apegam ao sofrimento — ele virou parte de sua identidade. Talvez isso se deva ao fato de que a doença costuma surgir na puberdade, período em que

---

[50] Quero destacar também a sala de fumantes. Wouter Kusters observa, em *Filosofie van de waanzin*, op. cit., as semelhanças entre colóquios filosóficos e salas de fumantes em instituições. Em ambos os lugares, discutem-se as grandes questões da vida como se delas dependesse a existência.

normalmente se começa a se manifestar como indivíduo, e porque a doença torna tão difícil construir uma vida fora dela — sendo que essa é a única forma de superá-la. Tem de haver algo além da doença pelo qual valha a pena viver, algo pelo qual valha a pena abrir mão dela.

Para um transtorno psiquiátrico, os distúrbios alimentares são bastante letais. Na Holanda, entre 5% e 10% dos pacientes com anorexia morrem, seja por suicídio ou por debilidade física.[51]

Na clínica, todos os dias começavam com uma roda de conversa, na qual cada um dizia como estava se sentindo. No restante da manhã e à tarde havia diferentes tipos de terapia: terapia criativa, psicoterapia individual, terapia psicomotora (TPM, voltada para a relação com o corpo), atividades esportivas (natação, handebol) e até terapia familiar em grupo. Também fazíamos excursões: fomos uma vez a Amsterdã, outra à praia, e até a um bar, onde tomamos *Boswandeling* (um licor holandês).

Na terapia criativa, imagine uma sala de artesanato onde trabalhávamos em diferentes tarefas: colagens sobre o futuro, montagem de um corpo ideal com imagens de revistas, trabalhos livres, e autorretratos. Fiz ali alguns desenhos grandes que ficaram até bons, mas que depois deixei mofar num armário.

A TPM geralmente começava com uma meditação (sinta seus dedos dos pés, suas pernas, seus joelhos), e também fazíamos exercícios de espelhamento — ficar com outra paciente diante do espelho e observar e descrever o próprio

---

[51] Os números deste parágrafo vêm do site holandês proud2bme, onde também há muitas informações e apoio para pessoas com distúrbios alimentares e seus familiares.

corpo ou o da outra. Parte da loucura da anorexia é uma autoimagem distorcida; a paciente se vê como muito mais gorda do que realmente é. Por isso também eram feitas gravações em vídeo (lembro de uma cena com tinta corporal dourada — não sei se foi durante a terapia criativa ou na TPM).

Para mim, além das conversas com minhas colegas no pátio e na sala de fumantes, as terapias mais importantes foram a cognitiva e a psicoterapia.

Terapia cognitivo-comportamental:
lógica como instrumento

A terapia cognitivo-comportamental se concentra em separar os pensamentos bons dos ruins. É como se fosse preciso arrancar as ervas daninhas da cabeça. Começa-se criando um esquema G. Ele é composto de três partes: evento, pensamento e sentimento/comportamento. A ideia é que o evento desperta certos pensamentos irracionais, que por sua vez geram sentimentos e comportamentos. Mudando os pensamentos, os sentimentos e comportamentos também mudam.

Os pensamentos indesejados podem ser combatidos de duas maneiras: questionando seu valor de verdade e mostrando que eles não funcionam. Por exemplo: «sou inútil», «tudo é culpa minha», «sou uma pessoa ruim», «seria melhor se eu não existisse». Em distúrbios alimentares, são comuns ideias como: «sou gorda», «não posso comer». Esses pensamentos são claramente falsos quando a pessoa está muito abaixo do peso; já no caso das ideias sobre ser má, pode ser melhor simplesmente aceitar que não ajudam em nada.

Essa técnica me ajudou muito com a anorexia. (Anorexia é, na verdade, uma condição bastante cartesiana: a pessoa vê o corpo como algo separado da mente, algo que

deve ser domado, controlado e disciplinado pela mente.[52])
Os pensamentos relacionados ao meu corpo e peso, sobre poder comer ou não, desapareceram completamente. Ainda pairaram ao meu redor por um tempo, como fantasmas, mas finalmente desistiram; eu os enfrentei, me treinei para sair disso.[53] Esse modo de pensar também ajuda contra a depressão: aprender a colocar ideias de inutilidade entre parênteses é uma técnica valiosa para passar por tempos difíceis. Aprendi também que nem sempre sou a pessoa mais indicada para julgar meu próprio valor — embora eu continue sendo muito crítica.

Os pensamentos destrutivos por trás do transtorno alimentar não desapareceram por completo. Alguns deles reconheço como em grande parte falsos (que sou má, que tudo é minha culpa), e quando eles voltam — quando estou cansada, triste ou me sentindo sozinha — posso colocá-los entre parênteses. Posso perceber que estou pensando isso agora, mas que depois vai ser diferente: que estou cansada, triste ou me sentindo só, e que, nessas condições, é lógico pensar assim. Esses pensamentos não dizem algo sobre mim, dizem algo sobre o funcionamento do meu pensamento.

Pelo menos, é assim que funciona normalmente. Quando a vida e o pensamento começam a desmoronar, se entrelaçam e giram fios escuros ao meu redor, essa técnica

---

52 Li Descartes pela primeira vez aos treze anos, no andar superior da biblioteca em Hoorn, e reconheci sua solidão nas *Meditações* como sendo a minha.

53 Recuperei-me muito bem do distúrbio alimentar e, desde minha internação em 2000, nunca mais tive recaídas. É um mito a ideia de que não se cura da anorexia, talvez mantido por pacientes devido ao apego à doença mencionado anteriormente.

já não funciona tão bem. Aí meu sono piora, e sem dormir bem não consigo mais relativizar — os pensamentos ruins se instalam, transformam-se em sentimentos e vice-versa, cresce um mofo sobre tudo, que cobre a alegria e a lógica até tudo ficar cinza e enevoado. Quando isso acontece, eu ativo um modo militar: disciplina e rotina tornam-se centrais. (Marina Abramović se descreve como uma soldada no documentário *A artista está presente* — eu também sou uma soldada.) Posso e devo cancelar compromissos, porque não suporto a presença de outras pessoas, mas preciso correr, caminhar com os cães e trabalhar. Às vezes não consigo nem ler, e mesmo assim devo trabalhar. Nem que seja devagar. Não há alternativa. Se eu abandonar isso, escorrego e me perco.

A ideia de que os pensamentos estão errados não resolve nada nesses momentos, mas faz ganhar tempo. Colocar pensamentos ruins entre parênteses leva a um tempo intermediário; o objetivo final é voltar a julgar as coisas. Mas, quando tudo vai ficando mais cinza, só de conseguir colocar os pensamentos entre parênteses já é muito.

Essa forma de lidar com os pensamentos e a realidade se aproxima da filosofia acadêmica. Ao analisar criticamente ideias, filósofos tentam distinguir ideias boas das ruins, esclarecer conceitos e se aproximar da verdade (partindo, hoje em dia, da ideia de que não existe uma verdade absoluta, mas que há argumentos melhores e piores). A grande diferença é que, na filosofia, usamos o pensamento para compreender o mundo, enquanto na terapia cognitivo-comportamental aprendemos a distinguir entre pensamentos construtivos e destrutivos. A terapia se ocupa do pensador, não do mundo; ela não se orienta pela verdade, mas pelo que funciona. Aliás, os filósofos pragmatistas também pensam que a filosofia deveria funcionar assim — não deveríamos buscar como algo é (porque talvez nunca saibamos), mas sim como funciona.[54]

O diálogo como terapia

Enquanto a terapia cognitiva — e a terapia comportamental em geral — foca menos isso, são as histórias que formam a base emocional de pensamentos e comportamentos, que os mantêm ou podem transformá-los. E é justamente disso que a psicoterapia se ocupa.[55] Os eventos, histórias e narrativas armazenadas no corpo influenciam o pensamento, sempre fazem parte dele; compreendemos o que fazemos e por quê à luz desse pano de fundo. Treinar comportamentos e pensamentos, em humanos e outros animais, é muito útil, mas além disso somos seres situados que anseiam por compreensão e significado.

Sigmund Freud foi um dos primeiros a apontar a importância do significado narrativo na terapia. Em seu breve artigo «Luto e melancolia» (1913),[56] ele discute a diferença entre luto e melancolia — esta última corresponde mais ou menos ao que hoje chamamos de depressão. Segundo Freud, luto e melancolia são ambos formas extremas de sofrimento psíquico, baseadas em uma experiência de perda.[57] O luto, porém, é

---

54 Avaliar e aprender a direcionar seus pensamentos, na terapia cognitivo-comportamental e na filosofia, também se assemelha à meditação, em que pensamentos soltos são colocados entre parênteses para focar o que é importante, ou apenas o que é.
55 Uso «psicoterapia» aqui como abreviação de abordagens como a psicanálise e a psicoterapia centrada no cliente, que se baseiam em conversas individuais intensivas.
56 S. Freud, *Luto e melancolia*. Trad. Marilene Carone. São Paulo: Cosac Naify, 2013.
57 Freud pergunta, com razão, por que deixar ir é doloroso, por que isso causa tanta tristeza nas pessoas? Seria muito mais eficiente se não fosse assim.

visto como uma reação normal a eventos, enquanto a melancolia é patológica. Ao compará-los, Freud tenta compreender melhor o que é a melancolia, como base para tratá-la.

Freud afirma que luto e melancolia compartilham os seguintes sintomas: tristeza, perda de interesse pelo mundo externo, perda da capacidade de amar e inibição da atividade. Na melancolia, ele acrescenta a isso uma autoimagem negativa e expectativa de punição. O luto é causado pela perda de um objeto concreto: uma pessoa amada, uma ideia, ou algo similar. A melancolia também envolve perda, mas o que foi perdido é incerto. Na melancolia, a perda resulta numa perda de parte da identidade, que se manifesta como pulsão de morte e sentimento de inutilidade. (Essa autoimagem negativa, escreve Freud, é quase sempre injusta e curiosamente afeta mais pessoas capazes do que aquelas que talvez devessem duvidar de si mesmas.)

No luto, o mundo se esvazia; na melancolia, o ego. Freud explica isso dizendo que, na melancolia, provavelmente há também uma perda de objeto, mas que essa perda se internaliza. Isso provoca um movimento do objeto em direção ao ego. Em vez de lamentar o que foi perdido e cortar os vínculos com ele para abrir espaço à nova realidade, o luto se cristaliza numa identificação com a perda. Esse é um movimento narcísico e leva à perda do «eu» que caracteriza a melancolia.

Freud acreditava que, como seres humanos, somos largamente guiados pelo inconsciente, impulsos que tentamos reprimir com nosso ego. Traumas infantis reprimidos podem levar a problemas, e na psicanálise terapeuta e paciente, por meio de sessões frequentes — em que o paciente fala e os sonhos também são discutidos —, procuram eventos perturbadores que moldaram quem a pessoa é.

As ideias de Freud receberam várias críticas. Sua metodologia não seria científica (já que os efeitos da terapia não são objetivamente mensuráveis, embora muitas pessoas relatem benefício), a relação entre terapeuta e paciente que ele propõe seria autoritária demais, e o conceito de inconsciente seria um mito. Ainda assim, Freud é um grande escritor, e seu trabalho continua valioso. Ele é um excelente contador de histórias e influenciou profundamente nosso modo de pensar sobre a psique, por exemplo, ao introduzir o inconsciente.

Além disso, ver o diálogo como método terapêutico é uma ideia de grande beleza. Compreender a terapia como um diálogo faz justiça ao papel que a linguagem desempenha na nossa compreensão do mundo e de nós mesmos. A relação entre experiência e realidade geralmente é apresentada da seguinte forma: nossa experiência é estritamente pessoal e individual, e podemos transmiti-la a outros por meio de palavras. As palavras que usamos apontam para coisas (objetos, emoções, relações, o que for) ao nosso redor. Mas essa é uma imagem enganosa. Posso, com palavras, traçar um mapa do meu sentimento para vocês, mas essas palavras não são o mesmo que o sentimento. Elas nunca coincidem completamente com o que acontece, não são o cavalo, mas a imagem do cavalo, e ao mesmo tempo oferecem a possibilidade de descrever esse cavalo de novo, com base em seu cheiro, no pelo macio de seu focinho, em outros cavalos anteriores, na cor de sua pelagem, na maneira como ele te olha. Todos esses milhares de fragmentos mostram alguma coisa. Conectá-los é algo que cada leitor ou ouvinte faz à sua própria maneira.

A linguagem pode encurtar a distância até o outro, e ao mesmo tempo é aquilo que nos separa do outro — assim como nossa pele. Ter mais palavras à disposição talvez não signifique ter uma vida emocional mais rica que os outros (a música é tão rica quanto a linguagem, diferentes idiomas oferecem formas distintas de expressão, e muitos animais têm linguagens sem palavras), mas oferece uma paleta mais ampla para compreender e dar significado à vida emocional.

Wittgenstein escreve em suas *Investigações filosóficas* que, embora as experiências mentais sejam privadas, a linguagem é sempre necessariamente pública. É impossível falar de uma linguagem privada. Por isso, a linguagem não é apenas um meio para descrever experiências aos outros, mas também uma grade por meio da qual damos forma a essas experiências para nós mesmos.

Patricia De Martelaere escreve no ensaio «De wereld is een woord» [O mundo é uma palavra][58] que, por isso, sempre vemos o mundo por meio das palavras dos outros — ou seja, da cultura que já existia. As palavras não se referem literalmente às coisas: elas também as constroem, em parte por essa dimensão cultural. Ver árvores como «árvore» insere uma categoria inteira de plantas, que poderia ser estruturada de outras maneiras.

Falar sobre acontecimentos e sentimentos é, portanto, muito mais do que desenterrar coisas ou encará-las de frente: pode reformular o que aconteceu. O diálogo, aliás, é um método filosófico consagrado: Sócrates já buscava a verdade em conversas com os outros. Não sei se um terapeuta e um paciente, no contexto da cura, estão sempre buscando a verdade. Ou, para dizer de outro modo: não acho que a verdade seja sempre um ingrediente necessário para a cura. Na terapia comportamental, por exemplo, é mais importante trabalhar com pensamentos que funcionam do que verificar se eles são

---

58   P. De Martelaere, «De wereld is een woord». In P. De Martelaere, *Een verlangen naar ontroostbaarheid*, op. cit.

totalmente verdadeiros. Mas, na terapia por meio de conversa, a busca por verdade desempenha um papel. Não no sentido de descobrir ou revelar a verdade como um detetive, ou como se houvesse um roteiro já escrito. Mas no sentido de investigar o que realmente está acontecendo, em que passado isso se encaixa, como o pensamento se torceu em curvas — e às vezes endireitar essas curvas, às vezes deixá-las se expandir.

Com isso não quero dizer que exista um «eu» fixo e verdadeiro que precisa ser descoberto. Cursos de autoajuda às vezes anunciam frases como «em busca de si mesmo» ou «encontre a si mesmo». Isso parte da ideia de um núcleo autêntico perdido. Claro que muitas pessoas vivem em diferentes graus de infelicidade porque estão presas em relacionamentos, trabalhos ou padrões que não são bons para elas, e que o tempo, a reflexão ou o contato com a natureza podem ajudar. Mas a ideia de um «eu verdadeiro» que possa ser desenterrado graças a exercícios de renascimento ou tantra é antiquada, romântica e, no fundo, estática.

Estamos sempre em movimento, e o fato de que podemos entender a nós mesmos de novo, de forma diferente, e com isso nos transformar — isso é fundamental para qualquer tipo de crescimento. (Ao mesmo tempo, é importante tomar cuidado para não se tornar um tipo de caçador espiritual da felicidade. Há pessoas que acham que seu sofrimento pode ser resolvido e que finalmente poderão ser quem realmente são se encontrarem a terapia certa. Mas o sofrimento faz parte, e a busca por terapias pode se tornar um vício — muitas vezes é só mais uma forma de consumismo.)

Ninguém tem direito à felicidade, ninguém pode forçá-la; e é questionável até se ela é algo que devemos realmente buscar.

Estive em tratamento com diferentes terapeutas — dos meus 14 aos 21 anos, e mais tarde novamente —, e, em determinado momento, já sabia de onde vinham certos pensamentos. Esse mapa mental continua se deslocando com o passar de novos acontecimentos, mas consigo me distanciar e observar meu comportamento de fora (por isso acho que seria bom se todo mundo fizesse terapia alguma vez na vida).

Falar pode trazer alívio, pode reformular memórias, ajustar o eu e os pensamentos, mas não é um remédio eterno, não é uma cura mágica; pode ser necessário de novo mais adiante, e às vezes não ajuda. O pensamento não é uma máquina que você pode mandar consertar. Compreender também nem sempre leva à mudança; aparentemente, certos traços e tendências são teimosos.

Conversar simplesmente com outras pessoas, algo frequentemente recomendado como essencial e desejável para quem tem dificuldades psíquicas, nem sempre é possível. Durante uma depressão, é preciso usar todas as forças para se manter de pé, e conversar com amigos ou familiares pode piorar a situação, porque isso exige que você também reaja à tristeza, à preocupação, ao medo e à incredulidade deles (sendo que, desses sentimentos, a incredulidade é o mais fácil de enfrentar). E às vezes isso é literalmente impossível porque as palavras não estão disponíveis. Porque a depressão te isola do resto do mundo e, com isso, tudo ao redor fica morto e frio.

Quando você está desesperado, é importante sinalizar isso, buscar ajuda médica, iniciar um tratamento, e por aí vai. Mas compartilhar sua experiência nem sempre é viável; não podemos exigir isso nem de nós, nem dos outros.

Medicamentos e justiça social

Nunca imaginei chegar aos dezoito anos, mas o tempo passa por si só, e esse marco me deixou ainda mais infeliz do que eu já era.

O clínico geral que consultei por causa disso sugeriu me receitar um antidepressivo (seroxat, ou seja, paroxetina).[59] Nos primeiros tempos, não notei muita diferença. Continuei tomando quando estava mal porque estava mal, e continuei quando me sentia melhor porque tinha medo de voltar a piorar. Aos 24 anos, minha vida já estava bem estável havia algum tempo e então parei. Fiquei meses enjoada e tonta, mas acima de tudo me sentia mais eu mesma. Um novo eu, porque eu já não era criança. Me apaixonei, depois de novo, e passava horas tocando piano, porque com ele eu conseguia expressar o que sentia melhor do que com qualquer outra coisa. Os medicamentos certamente me ajudaram a encontrar meu lugar no mundo, mas talvez eu tivesse seguido o mesmo caminho sem eles. O que sei é que as cores se aprofundaram, e que voltei a sentir mais, a querer mais, quando parei. Também voltei a me sentir combativa. Ao suavizar as bordas da escuridão, aparentemente também haviam sido lixadas as bordas da minha combatividade.

Antidepressivos e outros psicofármacos podem conter e corrigir a loucura química. Para muitas pessoas, eles salvam vidas.[60] No entanto, os antidepressivos não funcionam para todo mundo e podem ter efeitos colaterais graves. Em 2017, mais de um milhão de pessoas na Holanda usavam algum tipo de antidepressivo.[61] Isso é muito, e por isso há

---

59   Os estudos que mostraram que jovens podem se tornar suicidas por causa de antidepressivos só apareceram cerca de quinze anos depois.
60   Andrea Cipriani et al., «Comparative Efficacy and Acceptability of 21 Antidepressant Drugs for the Acute Treatment of Adults with Major Depressive Disorder: A Systematic Review and Network Meta-Analysis», *The Lancet*, v. 391, n. 10128, pp. 1357-66, 2018.
61   Isso é confirmado por dados de seguradoras e farmacêuticos. Ver Mirjam Remie, «NRC checkt: 'Ruim een miljoen Nederlanders slikken antidepressiva'», *NRC Handelsblad*, 13 abr. 2017.

tanta discussão. Há psiquiatras que afirmam que esses medicamentos são prescritos com muita facilidade, enquanto outros os defendem fortemente. Uma pesquisa recente e de grande escala, com mais de 116 mil pessoas no Reino Unido, mostrou que os antidepressivos realmente funcionam.[62] Não para todos, não sempre, mas salvam vidas. Quem nunca sofreu com uma depressão talvez não consiga imaginar o alívio que é quando o véu começa a se levantar. Mas é real: você pode literalmente ficar paralisado, e essa paralisia, para alguns, pode ser removida quimicamente.

Isso não quer dizer que os comprimidos sejam uma solução mágica. Em *Depression: A Public Feeling* [Depressão: um sentimento público], Ann Cvetkovich investiga as dimensões socioculturais da depressão.[63] Embora possam ajudar pessoas individualmente, Cvetkovich acredita que os remédios não oferecem uma solução real para as depressões, porque aspectos da nossa cultura — como racismo, colonialismo, neoliberalismo e capitalismo — ajudam a causar depressões em certos grupos de pessoas. Às vezes, essa ligação é evidente. Se você pertence a uma minoria vista como inferior pela maioria, pode acabar internalizando essa visão. Isso vale, por exemplo, para adolescentes queer, que sofrem de depressão e tentam suicídio muito mais do que seus colegas,[64]

---

[62] Cipriani et al., «Comparative Efficacy and Acceptability of 21 Antidepressant Drugs for the Acute Treatment of Adults with Major Depressive Disorder...», op. cit.

[63] A. Cvetkovich, *Depression: A Public Feeling*. Durham: Duke University Press, 2012.

[64] Theodore L. Caputi; Davey Smith; John W. Ayers, «Suicide Risk Behaviors Among Sexual Minority Adolescents in the United States, 2015», *The Journal of the American Medical Association (Jama)*, v. 318, n. 23, pp. 2349-51, 2017.

mas também para pessoas negras em Nova York[65] e mulheres negras na Inglaterra.[66] Depressões e sentimentos de inferioridade podem inclusive ser transmitidos de geração em geração, até mesmo no nível genético.[67] Filhos de sobreviventes de grandes traumas culturais já podem nascer carregando um fardo, além daquilo que aprendem sobre medo, segurança, pertencimento.

Em 2013, o Afeganistão tinha, segundo uma pesquisa, o maior índice de depressão per capita do mundo, seguido de perto por outros países do Oriente Médio e do Norte da África.[68] E até grupos que ajudam outros grupos podem sofrer com depressão. Ativistas pelos direitos dos animais, que lidam diariamente com o sofrimento de animais não humanos, podem desenvolver *compassion fatigue* (fadiga por compaixão),[69] e veterinários nos Estados Unidos têm uma vez e

---

65 Chelsey B. Coombs, «Black People in New York Suffer from Depression More Than Any Other Group in the City», *Gizmodo*, 23 nov. 2015. Disponível em: https://gizmodo.com/black-people-in-new-york-suffer-from-depression-more-th-1733557109.

66 Anni Ferguson, «'The lowest of the stack': why black women are struggling with mental health», *The Guardian*, 8 fev. 2016. Disponível em: https://www.theguardian.com/lifeandstyle/2016/feb/08/black-women-mental-health-high-rates-depression-anxiety.

67 Ewen Callaway, «Fearful Memories Haunt Mouse Descendants», *Nature*, 1º dez. 2013.

68 Alize J. Ferrari et al., «Burden of Depressive Disorders by Country, Sex, Age, and Year: Findings from the Global Burden of Disease Study 2010», *PLoS medicine*, v. 10, n. 11, e1001547, 2013.

69 A filósofa feminista e defensora dos direitos dos animais Carol Adams escreve sobre como o conhecimento traumático pode afetar pessoas e como se relaciona com a exploração animal. Ver C. Adams, «Traumatic Knowledge and Animal Exploitation: Part 1: What Is It?», *Carol J. Adams*, 30 abr. 2018. Disponível em: http://caroljadams.com/carol-adams-blog/traumatic-knowledge.

meia mais chance de ter depressão e três vezes mais chance de ter pensamentos suicidas do que outros cidadãos.[70] Embora a depressão seja uma experiência individual, para pensar sobre cura é importante olhar além do indivíduo.

Nosso foco na medicalização da depressão — em «consertar» o indivíduo — encobre, segundo Cvetkovich, os processos sociais e culturais que adoecem nossa sociedade.[71] Medicamentos, muitas vezes, são apenas um paliativo. Não é por acaso, diz ela, que há tantos grupos de pessoas infelizes.[72] Precisamos, no mínimo, considerar esses processos se quisermos pensar em formas estruturais de melhorar a vida das pessoas.

Além disso, existem grupos para os quais o modelo ocidental e individualista de cura da depressão não funciona bem. Isso acontece porque esse modelo parte da ideia de um tipo específico de pessoa — um consumidor atomizado — e projeta para ele um ideal a ser alcançado por meio do consumo de medicamentos. Isso ignora o fato de que as pessoas

---

70 Greg Kelly, «Modern-Day Plague: Understanding the Scope of Veterinary Suicide», *Veterinarian's Money Digest*, v. 1, n. 4, out. 2017.
71 O escritor britânico Mark Fisher (1968-2017) diz algo semelhante. Seu trabalho mostra a relação entre estruturas político-econômicas e depressão, e vê o capitalismo como um enorme problema para a saúde mental.
72 Infelizmente, a depressão não se limita ao ser humano: animais não humanos também podem ter depressão. Por exemplo, descobriu-se depressão em salmões vivendo em tanques de reprodução pequenos, em elefantes, em animais mantidos por muito tempo em abrigos, e em animais de criação intensiva. Muitos zoológicos dão antidepressivos a seus animais. Ver Laurel Braitman, *Animal Madness: How Anxious Dogs, Compulsive Parrots, and Elephants in Recovery Help Us Understand Ourselves*. Nova York: Simon and Schuster, 2014. Um convincente artigo sobre sucídio animal foi recentemente publicado: David M. Pena-Guzmán, «Can nonhuman animals commit suicide?», *Animal Sentience: An Interdisciplinary Journal on Animal Feeling*, v. 20, n. 1, 2017.

são mais do que consumidores, que elas vivem em relação com os outros. Também desconsidera diferenças culturais. Por isso é importante reavaliar criticamente o nosso entendimento do que é loucura e do que é saúde.

Melhor?

Em *A história da loucura*, Foucault — que, aos vinte anos, também passou por uma depressão — mostra como nossa ideia de loucura (e o conceito oposto, de normalidade ou racionalidade) surgiu. Essa ideia não tem base em uma realidade biológica: trata-se de um fenômeno cultural, moldado por diversos processos históricos. Como mencionei antes, a origem da loucura era, desde a Grécia Antiga, associada a um desequilíbrio entre os quatro humores corporais. Um excesso de bile negra causaria melancolia. Na Idade Média, somaram-se a isso os demônios, que se alojavam nas almas das pessoas. Já no Renascimento, a depressão era particularmente comum na Inglaterra, por um tempo até mesmo «na moda», algo que se refletia claramente na arte, na música e na literatura da época. A loucura ainda era vista como parte da experiência humana, algo que poderia nos ensinar algo sobre a condição humana.

Durante o Iluminismo, porém, a razão passou a ocupar o centro do nosso entendimento sobre o ser humano. A loucura foi colocada em oposição à razão: não se podia ser louco e racional ao mesmo tempo.[73] A razão passou a ser vista como uma capacidade puramente humana, e desenvolvê-la

---

73   Emoção, natureza e animalidade compartilham estigmas semelhantes aos da loucura.

tornou-se um ideal universal — aqueles que não conseguiam, os irracionais, passaram a ser considerados inferiores.

Foucault destaca que essa oposição entre razão e loucura é relativamente recente e se pergunta se a loucura é, de fato, algo que deveria ser extirpado.

O método de Foucault é genealógico: ele investiga o significado de um conceito examinando sua história. Em *A história da loucura*, ele busca o momento na história em que razão e loucura ainda não estavam separadas. Localiza a ruptura entre esses conceitos no final do século XVIII e descreve o que levou a ela. Essa jornada passa por navios de loucos, que transportavam os insanos para outras cidades,[74] jaulas em que eram presos, circos e zoológicos onde eram exibidos,[75] e lugares onde eram usados como animais de carga, até chegar a hospitais e clínicas modernas.

Foucault não quer discutir a loucura na linguagem da psiquiatria, mas dar voz ao silêncio que se encontra do outro lado. Por isso, chama sua pesquisa de arqueológica. O que foi preservado são principalmente as palavras dos médicos, das instituições, da política — não as dos próprios loucos.[76]

---

74 A existência de navios para doentes mentais é historicamente incerta.
75 Histórica e conceitualmente, insanidade e animalidade eram frequentemente ligadas uma a outra. Há uma ideia preconcebida persistente de que tanto o louco quanto os animais não humanos são irracionais. Historicamente, pessoas loucas eram descritas e tratadas como animais; eram, por exemplo, trancafiadas e acorrentadas.
76 Por essas razões, a nova disciplina acadêmica de *mad studies* (estudos loucos) foca exatamente o que se considera ser são. Os *mad studies* fazem da experiência das pessoas que se identificam como loucas o centro de sua atenção, e tentam ir além da normatividade do normal. Em vez de ver tudo que desvia como inferior e digno de rejeição, pode-se descobrir riqueza em outras experiências. Além disso, qualquer tipo de pensamento baseado em uma norma padrão que julga tudo à sua medida produz opressão. Essa for-

Para dar-lhes voz, é preciso procurar os vestígios que deixaram para trás.

Esses vestígios podem ser encontrados, por exemplo, em textos, edifícios e artefatos, e mostram que o conceito de loucura mudou constantemente de significado. Em diferentes épocas, foi vista como parte da alma humana, como um excesso de um fluido corporal, como um problema espiritual, como um problema religioso, como uma doença física, e por fim como uma doença mental.

Hoje, os loucos na Holanda já não são trancados em masmorras ou jaulas, mas nossa abordagem da loucura ainda não é neutra. Ao longo dos anos, surgiu uma norma: a do ser humano mentalmente saudável. Quem se desvia dessa norma é visto como inferior — deve ser curado. Em clínicas, assim como em prisões ou escolas, há uma relação de poder voltada para moldar a mente.

Isso está ligado a políticas públicas: a loucura não é apenas uma categoria médica, mas também política e social. Forças econômicas também exercem influência. A indústria farmacêutica, por exemplo, tem poder sobre a vida das pessoas ao decidir quais medicamentos são ou não

---

ma de pensamento crítico tem suas origens nos estudos sobre deficiência e está relacionada a estudos críticos de raça, estudos femininos e estudos sobre animais. Investigando como de fato se originaram nossas ideias sobre loucura e normalidade, podemos avaliá-las criticamente e, se necessário, ajustá-las. Os *mad studies* podem ser encontrados em várias áreas das ciências humanas, como direito, filosofia e estudos de gênero. Esse campo de estudo foca a experiência, história, cultura, política e as narrativas daqueles que se identificam como loucos: pacientes psiquiátricos, neurodiversos, pessoas com dificuldade de aprendizagem, psicóticos ou aqueles que têm histórico de doença mental. Essa abordagem também é política: questiona o pensamento contemporâneo sobre loucura e as práticas sociais ligada a isso, como exclusão social, econômica, política ou outras.

disponibilizados — ou ao torná-los tão caros que se tornam inacessíveis. Políticos querem que as pessoas se encaixem no sistema porque assim custam menos.

O método crítico de Foucault questiona nossa visão de loucura e saúde e levanta a questão: o que realmente significa melhorar? Como mencionei antes, Wouter Kusters escreve em *Filosofie van de waanzin* que as psicoses podem nos mostrar uma realidade diferente da experiência padrão — e por isso são valiosas. A linguagem da psiquiatria encobre isso, porque tudo passa a ser enquadrado como doença e cura, como anormal e normal (escritores sempre devem questionar também a linguagem).

Uma depressão pode, de maneira semelhante, nos revelar aquilo que está abaixo da superfície — sobre nós mesmos, sobre os outros, sobre o mundo, sobre o que vale ou não a pena. A depressão oferece uma perspectiva unilateral — o pessimismo aparece para a pessoa deprimida como a única forma de ver o mundo, embora existam também outras maneiras de olhar, que talvez voltem mais tarde. Mas refletir e escrever sobre isso pode gerar compreensão — e, às vezes, arte.

A vantagem da loucura

Uma parte daquilo que consideramos loucura talvez não seja tão louca assim. A vida é algo muito difícil, fomos lançados nela como corpos onde tudo pode dar errado, e perder pessoas queridas é insuportável. Não é nada estranho sofrer com isso ou lidar com isso de forma diferente dos outros, por exemplo fazendo arte ou se expressando de forma não convencional. Quase todas as pessoas — e também muitos outros animais — enfrentam em algum momento da vida algum tipo de loucura, seja em forma de crises de ansiedade, luto profundo que temporariamente tira o sentido da vida, períodos de depressão ou delírios. A maioria talvez passe raspando, conseguindo se manter do lado «normal». Mas essas fronteiras não são tão nítidas quanto muitos pensam, e ser diferente também tem suas vantagens.[77]

Os outsiders são necessários para uma sociedade saudável. O outsider também é uma figura importante na literatura, porque quem está de fora mostra de outra maneira aquilo que já estava lá.[78] Um rei precisa de um bobo, uma sociedade precisa de dissidentes. Pessoas que vivenciam o mundo e a vida de forma diferente podem questionar o que os outros consideram normal ou nem percebem. Uma pesquisa sueca sobre a relação entre loucura e criatividade mostrou uma ligação clara entre criatividade e transtornos de humor.[79]

Mais de um milhão de pessoas foram analisadas, e concluiu-se, entre outras coisas, que quem trabalha em profissões criativas — como artistas plásticos, dançarinos, fotógrafos e escritores — tem 8% mais chance de desenvolver transtorno bipolar. No caso dos escritores, o risco sobe para 12%, e eles têm 50% mais chance de cometer suicídio do que a população geral. Profissionais criativos, em geral, têm maior propensão à depressão, esquizofrenia, bipolaridade, anorexia

---

[77] Não estou negando que há pessoas que sofrem de doenças mentais graves e precisam de ajuda profissional temporária ou permanente.
[78] Derrida argumenta que isso também se aplica a refugiados, que frequentemente são vistos como um problema, ou como algo negativo, ao passo que aqueles que vêm de fora para dentro (independentemente de seus valores e direitos intrínsecos) nos mostram um espelho. Podemos nos ver no que é estranho; podemos nos ver como estranhos. Ver Jacques Derrida, *Anne Dufourmantelle convida Jacques Derrida a falar da hospitalidade*. Trad. Antonio Romane. São Paulo: Escuta, 2003.
[79] Kyaga, *Creativity and Mental Illness...*, op. cit.

e autismo, e muitas vezes têm parentes que também sofrem desses transtornos.

Aristóteles já acreditava que os melancólicos tinham uma mente mais rica do que os outros. No fragmento «Problemas.xxx.1», ele descreve uma relação clara entre destacar-se na política, poesia ou filosofia e o excesso de bile negra. Os gênios, concluiu ele, frequentemente sofrem de melancolia — loucura e genialidade estão próximas.

Que a melancolia e a depressão podem ter efeitos positivos, e que os limites entre loucura e saúde mental não são fixos, é pouco consolo para quem está esmagado pelo peso da doença. Nem todo mundo se cura, e em muitos a depressão tende a voltar. Em alguns, até mesmo a cada estação do ano, como se as pessoas fossem jardins que florescem e secam contra a própria vontade. Felizmente, existem maneiras de lidar com o frio e a secura.

4.
Sobre a sabedoria nos meus pés e o corpo-memória

Em outubro de 2015 participei de um projeto artístico de Tino Sehgal, *This Progress*, no Museu Stedelijk, em Amsterdã. Nessa obra, o visitante faz uma caminhada sendo guiado sucessivamente por uma criança, um adolescente, um adulto e um idoso. Durante essa caminhada, visitante e intérprete mantêm uma conversa com certos elementos fixos (não revelarei como funciona: recomendo fortemente a experiência a quem tiver a oportunidade).

Os participantes do meu grupo tinham de começar cada conversa com uma pergunta ou comentário. Eu costumava perguntar ao visitante sobre um cheiro marcante da infância ou de outra memória importante (alguém me perguntou se eu também tinha isso; para mim, é o cheiro de um corpo de cavalo). Muitas pessoas achavam que memórias são como dados armazenados no cérebro, como arquivos em um computador. Essa metáfora pode explicar alguns aspectos da memória, mas não como ela muda com o tempo, com novas experiências, nem como está entrelaçada ao corpo e ao mundo exterior. Cheiros nos transportam para a casa dos avós, músicas para um acampamento, a voz de um amor pode conectar diferentes camadas do tempo. Memórias são mais fluidas e táteis do que dados. Histórias talvez sejam uma metáfora melhor: também mudam com o tempo, conforme quem as conta, e moldam quem as ouve — e quem as conta também.

No projeto, andávamos mais devagar que o normal pelos corredores do museu. O ritmo lento influenciava a conversa, criava espaço; o movimento dava ar e andamento ao diálogo. Às vezes, os visitantes queriam acelerar; cabia a nós levá-los a um ritmo mais lento. Esse deslocamento do costume os fazia falar mais (alguns coravam, choravam, desviavam o olhar, encaravam — e alguns ficavam bravos).

Andar influencia o pensamento. Caminho algumas horas por dia com os cães e corro dia sim, dia não. Isso me ajuda mais do que antidepressivos. Quando parei com a sertralina, fiquei seis semanas enjoada, mas depois uma cortina se abriu: o mundo e eu mesma voltamos a ficar visíveis. A escuridão não desapareceu por completo. Eu a controlava cantando e seguindo uma rotina. Pika, minha cachorra na época, me ajudava a dar forma ao meu mundo com nossas caminhadas.[80]

---

[80] Lembranças de épocas passadas sempre refletem fragmentos, nunca tudo: sempre há lembranças que parecem caracterizar um período específico, mas só depois você saberá quais são. Toda semana eu ia à praia com Pika. Morávamos em um subúrbio de Haia, ao lado de um melancólico shopping center, e de lá pegávamos um ônibus para Kijkduin. Caminhávamos até a praia pelas dunas, depois um pouco pela areia, e voltávamos. O mar sempre me confortava, e é muito comovente ver um cachorro correndo na sua direção o mais rápido que ele consegue. Na volta, Pika gostava de encostar seu corpo molhado nas pernas de algum passageiro idoso (ela também nadava no inverno). Assim que chegávamos em casa, eu dava um beijo na sua cabeça salgada e ela dormia o resto do dia enquanto eu trabalhava. Eu costumava estar muito infeliz naquela época, especialmente quanto ao amor, e também me preocupava muito com o dinheiro, mas este era o melhor sentimento de pertencimento que eu poderia ter: a cachorra, o mar, estar junto.

Ela me ensinou o prazer de caminhar. Caminhar pode fazê-lo se sentir em casa no mundo. Ambientes amplos — paisagens, florestas — reforçam a sensação de pertencimento. Ao mostrar nossa pequenez, a paisagem consola.

Um dia comecei a correr. Correr é mais importante para mim do que caminhar — se me machuco, ando de bicicleta. Correr relativiza meus pensamentos e sentimentos, até nos dias bons.[81] Nos primeiros dez ou vinte minutos, pensamentos sobre trabalho e outras coisas ainda me acompanham, mas depois eles se dissolvem no ambiente. Vejo uma casa flutuante, duas aves aquáticas — uma chama a outra —, um homem com uma cerveja num banco (corro muito ao longo do rio Amstel). Árvores com braços retorcidos, luz refletida na água. Meus passos seguem o ritmo; sou levada por ele. A tensão escorre devagar do meu corpo, os nós se desfazem. Depois, o dia pesa menos, meu corpo fica mais leve. Em geral, correr dia sim, dia não, basta. Mas, se o medo ou a tristeza se alojam em mim, posso correr mais um pouco.[82]

---

81 Pesquisas indicam que corrida pode ter efeitos positivos em casos leves ou moderados de depressão (e transtornos de ansiedade). Em caso de depressões profundas, sua eficácia não foi comprovada. Algumas pessoas acreditam nisso, como o conhecido psiquiatra holandês Bram Bakker, que também corre, e várias instituições que oferecem "terapia da corrida". Este artigo, de um corredor com depressão moderada, abrange várias pesquisas atuais: Scott Douglas, «For Depression and Anxiety, Running Is a Unique Therapy», *Runner's World*, 2 maio 2019. Disponível em: https://www.runnersworld.com/health-injuries/a18807336/running-anxiety-depression/. No entanto, correr não é um tratamento milagroso e não é solução para todos.
82 Antes de começar a correr, eu tocava piano; vários caminhos levam a Roma.

O filósofo francês Maurice Merleau-Ponty diz que o pensamento é encarnado.[83] A forma como pensamos está sempre ligada a nossa presença física no mundo.[84] Não podemos olhar para nós mesmos ou para o mundo de um ponto fora do corpo — somos corpos. Quando decido correr, parece que a mente comanda o corpo, mas na verdade são engrenagens interligadas. Se me sinto melhor depois de correr, é porque sinto meus pés no chão — e isso me ajuda

---

83   Maurice Merleau-Ponty, *Fenomenologia da percepção*. Trad. Carlos Alberto Ribeiro de Moura. 5. ed. São Paulo, WMF Martins Fontes, 2018.
84   Os humanos não são os únicos animais enraizados no mundo dessa forma. Conheci Olli, um cachorro de rua romeno que começou a viver comigo em 2013, em parte pelas suas reações físicas ao que acontecia e ao ser tocado. Seu corpo é coberto de cicatrizes e ele não tem metade de uma orelha. Ele se assusta com sapatos, passos fortes, cigarros e movimentos bruscos. Para ele, morar em uma casa era algo completamente novo: na sua primeira semana comigo, ele subia na bancada da cozinha toda hora (ele é um cachorro grande, pesa 23 quilos) e pulava a cerca para o jardim do vizinho. Ele abre latas de comida sozinho, e inspeciona seres humanos, dentro e fora da casa: eles têm comida? Querem acariciá-lo? Quando está no transporte público, fala oi para todos: quer descobrir se são amigos ou inimigos. Ele também teve de aprender a me entender: não entendia meus gestos com facilidade, e ainda não entende, ao contrário de um cachorro que cresceu no meio de humanos. Nas ruas ele vê os pássaros urbanos, pombas, gralhas e corvos, então localiza comida. Tem medo de pôr coleira porque foi capturado nas ruas pela carrocinha com uma vara com laço de metal que apertava seu pescoço. Sei de algumas histórias do seu passado, o resto ele me conta por sua postura e seu comportamento. Esse comportamento muda. Nos primeiros meses ele estava sempre em guarda, dormindo com um olho aberto. Agora consegue relaxar completamente e dorme profundamente, às vezes até deitado de costas. Ele não fez nenhum contato visual nas primeiras seis semanas, mas agora me olha quando alguma coisa empolgante está acontecendo lá fora. Mas os medos ainda estão fechados dentro dele, e, se troveja ou se alguém solta fogos de artifício, ou faz um movimento repentino em sua direção, ele foge. O fisioterapeuta que cuidou dos problemas do joelho de Olli foi capaz de ler sua história física em seu corpo.

a entender por que estou aqui. Escrevo melhor quando não penso, quando deixo meus dedos encontrarem as palavras sozinhos, sem julgar se os pensamentos fazem sentido — isso vem depois. Para criar algo novo, preciso seguir meu corpo.

Siri Hustvedt escreve sobre algo parecido em *A mulher trêmula, ou Uma história dos meus nervos*:[85] muitos escritores se veem como canais entre a história e o mundo. É uma ideia quase mágica, mas para mim é real — não escrevo de mim mesma, só sigo a história que aparece. Nunca tenho controle total.

Merleau-Ponty também destaca a importância dos hábitos. Criar novos hábitos amplia nossa ancoragem no mundo. Caminhar virou hábito para mim, assim como correr. São práticas que me ajudam. (Isso se conecta à terapia comportamental, que também envolve treinar novos hábitos.) Hábitos pertencem ao corpo e ao tempo; são pano de fundo da vida. Compartilhamos hábitos com outros animais. Caminhar é um hábito, tomar café da manhã também. Cultivar bons hábitos pode ser uma forma de resistência ao que nos acontece — como Foucault descreve com suas «práticas de si»: não terapia, mas ethos, um modo de se aprimorar por necessidade.[86]

O corpo-memória e a depressão recorrente

No mês em que completei trinta anos, minha avó morreu, a pessoa por quem eu estava apaixonada não queria mais estar comigo e uma boa amiga minha foi encontrada após uma tentativa de suicídio. Até então, eu sempre dormira bem,

---

85 Siri Hustvedt, *A mulher trêmula, ou Uma história dos meus nervos*. Trad. Celso Nogueira. São Paulo: Companhia das Letras, 2011.
86 Foucault, *História da sexualidade 3...*, op. cit.

exceto na época da anorexia. Preciso de muito sono e ele sempre me ajudou a processar as coisas. Mas essa sucessão de acontecimentos me impediu de dormir uma noite inteira. Isso foi se agravando, até que praticamente já não dormia (se tivesse sorte, dormia algumas horas entre meia-noite e três da manhã). Descobri que, na primavera, os melros começam a cantar antes das quatro da manhã, e que a privação de sono constante é um gatilho certo para a tristeza. É como se meu corpo tivesse aprendido isso: desde então, quando me preocupo com algo, durmo mal — e as preocupações da noite são sempre maiores que as do dia.

No início, ainda estava bem. O luto traz uma estrutura ao sentimento: eu sabia por que estava triste. A morte da minha avó, que eu amava muito, estava fortemente ligada à morte da minha tia, anos antes. Para todos, aquela tristeza fazia referência a essa outra, o que a tornava ainda mais pesada. Minha amiga foi internada e cuidada, tomou as rédeas de sua recuperação. A relação amorosa que terminou foi breve e se arrastou por mais alguns anos, às vezes como amizade, às vezes como amor — até que (felizmente) terminou de vez.

Mas o choque se alojou no meu corpo. Minha pele mantinha juntas as partes do corpo — sangue, carne, ossos e músculos —, mas escondia um abismo. Não dormir gerava tensão e sofrimento durante o dia; essa tensão dificultava ainda mais o sono. Quando finalmente voltei a dormir, meses depois, no verão, eu já estava tomada pela conhecida sensação de aspereza que associo ao início de uma depressão. É como estática em uma TV: cinza, mas ainda em movimento. Passei a funcionar como uma máquina, decidida a continuar ativa, usando uma máscara nas interações sociais, nadando no cansaço — é um enorme esforço continuar fazendo coisas quando o chão parece te puxar com mais força do que o normal.

Diferente de outras vezes, eu não estava exatamente suicida. Com «não exatamente», quero dizer que não tinha planos. A morte sempre está por perto numa depressão — talvez a depressão seja uma espécie de antecipação da morte, porque a vida fica suspensa —, mas isso não significa que a pessoa queira morrer. Como a depressão paralisa, o suicídio parece algo distante demais. E, além disso, na depressão a gente consegue ter pensamentos contraditórios ao mesmo tempo. Eu sabia que não valia nada e, ao mesmo tempo, sabia que esse pensamento fazia parte do quadro. Então continuei. Continuava.

Segundo Merleau-Ponty, o corpo vivo é formado por duas camadas: o corpo atual e o «corpo-hábito». O corpo-hábito carrega as habilidades e vivências do passado — hábitos, modos de ver o mundo, posturas — para o presente, e com isso somos capazes de vivê-lo. Habitamos o tempo: cada momento que nos é dado, e o fato de o tempo estar sempre em movimento. O que vivemos passa a fazer parte de nós, molda nossa experiência, nos sustenta, nos ajuda a enxergar — os relacionamentos ampliam nossa percepção do mundo. Isso não significa que as memórias sejam fixas. Elas crescem junto com a gente. As experiências não desaparecem, mas mudam de forma, de cor, de peso.

Durante minha última depressão, depois daquele período, meu corpo parecia preenchido com entulho de concreto. Eu pedalava todas as manhãs com minha cadela Pika em uma velha bicicleta de carga até o parque (era longe demais para ela ir a pé), e esse trajeto parecia levar horas. A caminhada também. Às vezes parecia que meu queixo roçava o chão, de tão pesada que eu estava. Mas eu continuava andando, dia após dia, e Pika ao meu lado. Em casa, eu tomava café, estudava, trabalhava, mantinha o movimento da vida. Depois de alguns meses, a névoa ainda não tinha se dissipado — e o peso tende a aumentar, porque resistir cansa.

Procurei minha médica de família. Ela me disse que a «farmácia dela» sempre estaria aberta para mim, mas que talvez eu conseguisse passar por isso sem medicamentos. Por sugestão dela, procurei um psicoterapeuta que tocava alaúde — ele me contou isso, não chegou a tocar —, mas ele não era coberto pelo seguro, então ficou só na primeira consulta (mesmo assim ele me mandou uma conta alta, pois dizia que a consulta incluía um plano de tratamento). Eu estava completamente sem dinheiro na época; não podia pagar mais nada.

O que me manteve de pé, além da corrida (corrida lenta, passo por passo) e das caminhadas com Pika, foi o pensamento de que eu ainda podia me matar se quisesse — uma possibilidade real — e que a farmácia da médica estava disponível. Isso seria o primeiro passo se as coisas piorassem. Saber que havia fatores externos (um amor fracassado, problemas financeiros) me ajudava a relativizar meus pensamentos. Eu conseguia alternar entre o que sentia e um pensamento mais abstrato sobre o futuro. Não achava que tudo iria melhorar, mas, com base na experiência — antes já tinha sido ruim e depois tinha melhorado —, podia manter essa possibilidade aberta. E, se não melhorasse, havia alternativas. Não era esperança de que fosse melhorar, mas uma consciência de que a esperança ainda era possível. Houve dias muito escuros, e eu não estava de fato presente, mas o pior não durou muito. Depois de alguns meses, as coisas lentamente melhoraram.

Meu corpo é feito de tudo que vivi, e tudo que vivo agora ressoa nesse pano de fundo. Os sentimentos antigos são como o fundo do mar, não como camadas geológicas: eles se remexem com os sentimentos novos e se depositam de outro jeito. Isso significa que o novo nunca é totalmente novo — talvez tenha sido, nas primeiras vezes: o primeiro amor, a primeira separação, as primeiras vezes de tudo — mas agora está misturado com memórias. Esta é a ambiguidade de envelhecer: eventos que antes pareciam o fim do mundo agora são reconhecíveis, encaixam em sulcos deixados por eventos anteriores, e por isso são mais fáceis de relativizar — mas também podem doer mais.

Perder alguém amado pela primeira vez é o fim de um mundo (aquele mundo que nasceu quando você conheceu essa pessoa). Quando isso acontece outras vezes, torna-se parte do seu mundo — que é, ao que parece, um lugar onde as pessoas vêm e vão, e de que as perdas fazem parte. O mesmo acontece com a depressão. A primeira vez é um fim, um obstáculo, um muro tão alto que não dá para enxergar por cima. Depois, passa a fazer parte da paisagem. Isso não a torna menos paralisante, mas muda algo. Envelhecer e já ter passado por várias depressões traz, na minha experiência, uma certa resignação que pode ajudar (vai passar, pode passar, hoje é um dia ruim, mas vai acabar). O foco muda: já não é vontade de curar, mas de suportar. E isso, por outro lado, também pode ser muito triste — porque significa que talvez nunca acabe.

Os animais de apoio

Ao lado do trabalho e das caminhadas, foram os animais que vivem comigo que me ajudaram a atravessar as depressões dos últimos dez anos. Atualmente, moro com dois cães; antes, vivi com um gato e outro cachorro. Sem eles, eu não teria conseguido (e o mesmo vale para muitas outras pessoas; o efeito positivo dos animais de estimação sobre a depressão e outros problemas psíquicos é comprovado cientificamente).[87] Eles estavam comigo em momentos em que eu não conseguia suportar a presença de outras pessoas, sem exigir nada, sem esperar nada que eu não pudesse dar.[88] Eles estavam — e estão — sempre felizes em me ver, e ser assim valorizada pode fazer toda a diferença.

Costuma-se pensar que animais de estimação dependem dos humanos — o que às vezes é usado como argumento para dizer que suas opiniões não importam, que eles valem menos. Mas isso é um erro. Muitos gatos poderiam viver muito bem sem humanos, e muitos cães também podem aprender a fazer isso. E mais: esse pensamento ignora o quanto os humanos podem precisar de outros animais (humanos ou não humanos). Isso vai além da ideia de ter alguém para cuidar, para voltar para casa, para fazer as coisas por. Trata-se de alguém que percebe como você está, que se senta ao seu lado quando as coisas vão mal e que não vai embora, que o ama mesmo quando você não diz nada, chora o tempo todo, ou não contribui em nada com o mundo. Claro que há algo especial no contato entre seres humanos, mas o mesmo vale para a convivência com outros animais.

Meu gato branco e macio, Putih — ele mesmo um libanês com um passado de guerra —, sentava no meu colo enquanto eu escrevia meus primeiros livros, dormia comigo

---

87   Para uma visão geral, ver Marc Bekoff, «Companion Animals Help People with Mental Health Problems», *Psychology Today*, 10 fev. 2018. Disponível em: https://www.psychologytoday.com/blog/animal-emotions/201802/companion-animals- help-people-mental-health-problems.
88   Quero deixar claro que sempre fui afortunada por ter pessoas que me amavam e bons amigos.

debaixo das cobertas e ronronava quando eu o acariciava nas noites em que eu não conseguia dormir. É um tipo de proximidade incrivelmente reconfortante e importante. E era recíproco: eu cuidava dele quando ele estava enjoado, quando precisava de remédio, e acariciava seu pelo quando ele queria. O mesmo vale para os cães com quem vivo agora: cuido deles, trabalho para garantir a comida e levo a mais jovem aos cursos; eles cuidam de mim prestando atenção em mim, sentando ao meu lado quando algo não vai bem, me mantendo atenta ao que importa. Juntos, moldamos nossa vida comum, entre outras coisas caminhando. Algumas decisões são só minhas, outras, eles determinam.

Na visão ocidental de autonomia, existe uma imagem atomizada do ser humano em que o indivíduo está no centro, como no modelo médico que mencionei no capítulo anterior, e esse indivíduo é visto como anterior às relações, e potencialmente independente delas. Mas isso não é uma constatação empírica, e sim uma visão normativa sobre o ser humano: ser independente e autônomo seria melhor do que ser dependente. Essa visão é enganosa. Todos nós nascemos dentro de relações, somos de várias formas dependentes delas ao longo da vida, e, ao nos relacionarmos com outros, também passamos a ser parte daquilo de que outros dependem.

As relações entre pais e filhos são um bom exemplo, claro, mas há muitas outras formas de interdependência. Precisamos de amigos para conversar, para elaborar experiências, para rir, para estarmos juntos. Escritores precisam de editores críticos, filósofos acadêmicos precisam de colegas para revisar seus trabalhos, e assim por diante. Alguém com depressão pode precisar se apoiar mais nas pessoas ao redor — no médico, psiquiatra, parceiro, medicamentos, amigos, ou no cachorro — e mais tarde pode ser o apoio de outros.

A dependência varia em grau, de pessoa para pessoa, e ao longo da vida. Todos começam como bebês.

Além disso, não há nada de errado em certo grau de dependência: relações são uma fonte de riqueza, e amar uma pessoa significa conectar seu destino ao dela, tornar-se um pouco dependente de como ela está. A felicidade dessa pessoa se torna em parte a sua. Evitar isso resultaria em uma vida árida e fria.

Como escrevi antes, durante uma depressão é difícil se conectar com os outros. E isso muitas vezes vem acompanhado por um sentimento de culpa por estar deprimida. Eu me senti culpada várias vezes com os animais por causa do meu humor, mesmo sabendo que nos ajudávamos mutuamente. Certamente Putih e Pika sentiam as nuvens escuras ao meu redor, e às vezes eu temia que isso afetasse seu humor. Nunca os negligenciei, nunca lhes faltei — e talvez esse sentimento de culpa fosse apenas mais um reflexo da própria depressão, dessa sensação de afastamento. Mas eles eram meu elo com a vida, cuidavam de mim — e isso é uma carga pesada para amigos peludos.[89]

Quando você ama alguém, quer vê-lo feliz — e, como já escrevi, felicidade não é algo que me acompanhe com frequência. Não podemos sempre ajudar os outros. Às vezes sim, às vezes de formas inesperadas (nunca imaginei que viver com um cachorro me traria tanto ou que caminhar se

---

89   São muito poucas as pesquisas sobre o bem-estar de cachorros e outros animais de apoio, mas sabemos que eles têm mais problemas com o estresse que outros cachorros. Pelo fato de os humanos estarem cada vez mais usando animais de apoio, é importante fazer mais pesquisas sobre isso. Lisa Maria Glenk, «Current Perspectives on Therapy Dog Welfare in Animal-Assisted Interventions», *Animals*, v. 7, n. 2, 2017.

tornaria tão importante). Mas há abismos que os outros não conseguem alcançar.

    Talvez eu não seja uma pessoa fácil com quem conviver porque carrego esse peso. Isso não se expressa em raiva ou mau humor, mas numa sombra que às vezes paira em torno de mim e que não pode ser simplesmente escrita ou espantada com risos. Houve tempos em que cancelei muitos compromissos porque simplesmente não conseguia. Hoje em dia isso está melhor — entendo melhor o que posso e não posso fazer, e respeito isso. Acostumei-me mais comigo mesma. Ainda assim, há momentos em que me retraio, desapareço. Antes, achava que precisava continuar vendo pessoas; hoje sei que não preciso, desde que continue em movimento, e que faz parte de quem eu sou fazer isso às vezes. Às vezes é melhor se esconder na sombra do que ficar sob o sol direto.

Árvores de inverno

Uma depressão silencia — a si mesma e ao mundo. Embora a dor possa parecer um grito, é justamente o vazio que se impõe. Talvez pareça que você deva combatê-lo com música ou pinturas coloridas, mas, na minha experiência, o silêncio funciona melhor.

    Minha necessidade de silêncio — entendido como ausência de pessoas, imagens e sons — é maior do que a média. Preciso de tempo em que pouco acontece ao meu redor, para poder trabalhar e processar o que aconteceu. Como uma máquina que processa matéria-prima até chegar a um produto final, quero dizer — não como uma pessoa que processa um trauma. Dias vazios, nos quais eu caminho, escrevo e talvez asse um pão, são necessários para compensar os dias cheios, com compromissos, palestras e aulas. Um mundo sem pessoas, mas com árvores, gatos e pássaros oferece espaço. Posso descansar bem do trabalho duro, contanto que possa fazê-lo sentada no sofá de casa.[90]

Gosto de preto e branco — árvores nuas e escuras de inverno contra um céu branco, letras no papel, desenhos a lápis, canções tristes de cantores e compositores, os aforismos de Wittgenstein, as paisagens de Armando, as Invenções de Bach, café na minha caneca branca, corvos na neve. Talvez porque eu já sinta tanto de tudo ao meu redor, e de outro modo eu transbordaria — talvez porque veja algo da minha própria vida ali. Meu movimento em direção ao silêncio não é uma retirada do mundo; trata-se de criar tempo, esticá-lo, torná-lo meu — justamente para poder continuar a encontrar o mundo de forma aberta. Caminhar é uma boa maneira de fazer isso, escrever também, e meditar (voltar sempre ao lugar onde você está, dar uma bronca no ruído e colocá-lo de lado, aprender a se sentir em casa nos momentos que compõem o agora). Essa resistência também é contra a sociedade que é tão barulhenta — e contra algo mais profundo: o deslizamento dos dias. Se você não prestar atenção, tudo passa num instante. A atenção plena talvez seja a única arma contra isso.

A depressão deixa o mundo mais branco. Não como a neve — a neve nos mostra de maneira tão bonita que o mundo é maior do que nós. A depressão não cobre, ela apaga. Quanto mais alto e alegre o mundo exterior, mais

---

90 O silêncio também é um ponto de referência necessário para a criação. Você precisa de um bom pano de fundo se quiser acrescentar algo ao que já existe: uma música pode ser melhor do que o silêncio; um desenho tem algo a acrescentar a todas as imagens já existentes; este livro pode acrescentar algo à experiência da depressão.

forte é o contraste. Carregar o silêncio como uma capa ao seu redor talvez não prepare totalmente você, mas praticar pode ajudar a aprender a lidar com o vazio. E, no silêncio, você consegue ver melhor, ver como tudo muda — e assim permanece mais próximo do tempo.

5.
Sobre firmeza e enraizar-se no mundo — à guisa de conclusão

Segundo os estoicos, o que acontecerá no mundo já está determinado, e os seres humanos não têm poder sobre isso. No entanto, somos livres para escolher como reagir. Essa reação é decisiva para nossa felicidade. Isso não significa que devemos apenas nos resignar e deixar a vida passar por cima de nós. Muito pelo contrário — trata-se justamente de avaliar, em cada situação, se podemos mudá-la ou não e, no último caso, aceitar o que está acontecendo. Todos deveriam aspirar à felicidade, e essa é a melhor maneira de alcançá-la, pensam os estoicos. Gostamos de acreditar que tudo é reparável, mas isso não é verdade. Coisas se quebram sem que possamos fazer nada.

Com os estoicos, podemos aprender que algumas coisas que nos acontecem simplesmente precisam ser suportadas. Talvez você não consiga sempre suportar uma depressão — é estranho dizer que você «carrega» algo tão pesado que salta no seu pescoço e o empurra ao chão de modo que você nem consegue se levantar —, mas atravessá-la tem valor. Passar um dia (ou uma hora, ou mesmo alguns minutos), esteja você na cama ou fora dela, pode ser o maior feito da sua vida.

Esse dia passará, e o seguinte também, não importa se você se move ou se alguma luz se acende. Isso acontece com você, e você pode reagir aceitando. Apoie-se no tempo — não há muito outra opção.

No final do poema «Having it Out with Melancholy» [Ajustando as contas com a melancolia], a poeta americana Jane Kenyon descreve uma manhã de junho.[91] Ela acorda às quatro da manhã, um tordo da floresta começa a cantar, e de repente é invadida por um sentimento de contentamento comum (sei exatamente o que ela quer dizer com *ordinary contentment*: o contentamento das pessoas normais, que vivem sem depressão e não precisam se esforçar tanto o tempo todo). O coraçãozinho ligeiro e os olhos brilhantes do pássaro colocam tudo imediatamente no lugar — por que antes doía tanto? Tão repentinamente quanto vem a tempestade, ela pode desaparecer. O pior das depressões recorrentes, claro, é que a ameaça permanece e sobram vestígios, como placas de gelo flutuantes depois de uma onda de frio, mas, às vezes, de repente, tudo fica bem por um instante. E o resto, você pode tentar aceitar.

Com «aceitar», não quero dizer se render. Trata-se de manter-se firme e de, tanto quanto possível, ligar seu destino ao mundo.

Ser firme

«A lei da resolução e da constância não declara que não devamos nos resguardar, tanto quanto estiver em nosso poder, dos

---

[91] O poema foi publicado na coletânea de Kenyon *Constance*. Saint Paul: Graywolf Press, 1993, e está disponível on-line em: https://www.poets.org/poetsorg/poem/having-it-out-melancholy.

males e desditas que nos ameaçam, nem consequentemente de temer que eles nos surpreendam», escreve Montaigne em «Da constância».[92] Pelo contrário, fugir pode ser a melhor estratégia de guerra, e, se você não puder evitar o infortúnio, terá de suportá-lo com paciência.

Grande parte da minha vida foi organizada conforme os caprichos da minha psique: caminhar, correr, ir cedo para a cama, beber pouco (felizmente, também gosto de dormir cedo e beber pouco — e também de caminhar e correr —, tenho uma inclinação bastante ascética — mas também faço isso com disciplina de ferro). Talvez também se encaixe aqui evitar ao máximo me apaixonar — em situações em que outra pessoa apenas tropeça, cai e segue em frente, as turbulências emocionais podem me tirar profundamente do eixo.

Seja num relacionamento que dá certo ou num que claramente vai fracassar porque duas personalidades intensas só criam mais problemas juntas — ambos me desequilibram, e só posso permitir isso se for por algo realmente importante. O amor sempre se apresenta como algo muito importante — e de fato o é, uma força que dá sentido à vida, algo a que se deve obedecer. E talvez você não possa escolher amar, porque é o amor que escolhe você — mas você pode, muitas vezes, escolher não ceder a ele. De qualquer forma, essa tempestade violenta que o amor provoca é inevitável — mas seja firme.

O mesmo vale para a tempestade da depressão. Há manhãs que parecem impossíveis de atravessar. Às vezes elas são seguidas por tardes que se viram para dentro, duram muito

---

92 Michel de Montaigne, *Os ensaios*, livro I. Tradução Rosemary Costhek Abílio. São Paulo: Martins Fontes, 2002.
Em holandês o capítulo «Da constância» foi traduzido com o título «Over standvastigheid» [Da firmeza].

mais que o normal e parecem ter espinhos (você sente isso por dentro da pele). Essas, por sua vez, podem ser seguidas por noites em que tudo só piora (sempre pode piorar). Esses são dias ruins. Basta passá-los — você não precisa fazer mais nada. Você ainda é você, é o dia que está contra você.

Não tem problema se o trabalho não der certo, se você não quiser conversar com ninguém, se sua casa for o único lugar seguro que restou. Diga a si mesmo: «Este é um dia ruim, um dia que talvez fosse melhor não ter existido». Logo você vai dormir, será levado a outro lugar, e, quando voltar, vai começar de novo.

De novo — uma palavra que carrega tanto a repetição quanto a possibilidade de algo novo, e que você deve tentar fazer de amiga.

Boias salva-vidas, fictícias ou não

O problema da depressão é que nem sempre há algo que você possa fazer contra ela. O que você aprende na terapia pode ajudar a avançar, especialmente quando há causas concretas para a depressão, e o autoconhecimento pode ser útil para muitas coisas na vida. Mas uma depressão nem sempre é algo que se resolve com a mente. Especialmente em depressões recorrentes, é mais importante desenvolver hábitos e técnicas para suportá-la, construir uma rede de apoio feita de pessoas e animais que cuidam de você — e de quem você possa cuidar — e manter-se em movimento. É cansativo ter de conquistar, repetidamente, o espaço onde se pode respirar, mas não há outra saída.

Você pode tentar se treinar para suportar os episódios depressivos e relativizar seu próprio sofrimento. Isso não significa não levá-lo a sério, mas sim tentar viver ao redor dele o máximo possível. Com uma depressão leve, continuar trabalhando pode ser essencial, desde que seja viável — mesmo que você não veja sentido na sua vida, outras pessoas veem seu valor. E, no pior dos casos, o trabalho serve como distração e te faz atravessar mais um dia. Apoie-se no que você deseja ou desejava, nas promessas que fez a outras pessoas. Fingir pode ajudar a passar o dia — assim como ser corajoso não é sentir-se corajoso, mas fazer mesmo com medo. Faça o que vale a pena, mesmo que seja difícil. O futuro não está escrito.

A arte atravessa minha vida e também este livro. É uma das armas que temos contra o absurdo, uma forma de dar sentido ao que é e ao que poderia ser. O mundo muda quando alguém o vê de maneira diferente, e o artista é o mágico que consegue mostrar isso. Para mim, é vital criar coisas, e sou afortunada por poder fazer isso. Mas a depressão é uma grande niveladora: quando as coisas vão mal, tudo isso parece — ou é — inútil. Então, resta torcer para que as raízes que finquei na terra sejam fortes o bastante para me manter de pé.

O grande mundo

Firmeza tem a ver com estar enraizado no mundo. Na fenomenologia, «mundo» é um conceito importante. Ele não se refere tanto ao planeta em si, mas sim aos mundos vividos em comum, nos quais nascemos e que moldamos junto com os outros. Humanos — e outros animais também — estão sempre dando forma ao ambiente, e, quando suas vidas se entrelaçam com as de outras pessoas, um mundo compartilhado nasce ali.

Quando você não consegue se curar, pode ajudar os outros. Isso é bom para quem recebe ajuda — e também dá sentido à sua própria vida. Em vez de medir sua vida por felicidade, metas ou contentamento, você pode avaliá-la pelo trabalho que faz pelos outros. Não por status ou ego: trata-se do outro, que ainda tem valor. Você se torna útil para o mundo, em vez de apenas inútil para si mesmo, e constrói algo, mesmo que aos pedaços. Assim podemos ajudar uns aos outros, e nossas sociedades — como já escrevi antes — estão precisando de amor e cuidado.

Um bom exemplo disso são as pessoas que fazem trabalho voluntário em abrigos de animais. Na Fundação Gatos de Rua de Amsterdã, onde trabalhei como voluntária, havia muitas pessoas com o chamado «mochilão» (isto é, histórico de problemas pessoais). Para algumas delas, limpar os viveiros ou socializar com os gatos era a única coisa que as tirava de casa naquela semana — e o que as mantinha em pé. Os gatos se beneficiam, claro, e têm papel ativo nesse processo: limpar bicicletários ou consertar televisões jamais teria o mesmo efeito. Há esperança nos encontros com outros — talvez principalmente quando esses outros têm pelos e adoram peixe.

O ativismo também pode ajudar. Ligue seu coração a uma causa e faça dela parte do seu destino. Porque só ser depressivo não é o bastante. Engajar-se assim é uma forma de resistência — não só contra as injustiças do mundo, mas contra o próprio afundamento. Estamos todos conectados: o mundo é a nossa casa. Escrever também pode ajudar a fortalecer esse sentimento de pertencimento — não é preciso sair de casa para isso, embora, na prática, o melhor conselho que costumo dar a alguém seja: continue em movimento.

Como mencionei antes, não há uma linha clara entre o que é normal e o que é «louco». Essa divisão muda com o tempo e varia entre culturas. A depressão também tem aspectos valiosos. Quem é depressivo tem uma visão particular da falta de sentido e do absurdo da existência, e isso relativiza, por exemplo, o comportamento de manada ou a adoração do dinheiro. A depressão mostra algo do mundo que muita gente talvez nunca enxergue. Estamos sozinhos aqui — é assim, mesmo que todos estejamos juntos nisso. As experiências que revelam que a vida não é garantida acabam também aprofundando o sentido da vida.

Talvez isso não ajude em meio a uma crise depressiva aguda. Mas, ainda assim, há coisas às quais você pode se apegar: o tempo, que segue em frente e leva você junto; o cachorro que deita a cabeça no seu colo; a ideia de que tudo pode mudar.

E o bonito é: essas coisas também se apegam a você, mesmo que você não sinta.

O mundo é grande. Muito maior que você e muito mais antigo. O sol continua nascendo e se pondo todos os dias. As árvores da floresta ali adiante estão lá há mais de cem anos — você pode tocá-las. A praia mostra que não importa se você está lá ou não. Quer você tenha se encontrado ou se perdido, as ondas continuarão se movendo, a maré recua e avança, o mar não termina: ele só se dissolve no céu. Seu corpo também é um mar, move-se com o dia e a noite, envelhece naturalmente, é feito de partículas muito mais antigas que você.

Logo tudo isso terá passado, e você voltará a se fundir com tudo que já existiu. Então apoie-se na terra. Nos dias que te carregam. Amanhã pode ser diferente.

Lucciole
volumes publicados

1. Legacy Russell
   Feminismo glitch
2. Émilie Notéris
   Alma material
3. Carolin Emcke
   Sim é sim
4. Laurent de Sutter
   Metafísica da puta
5. Clara Schulmann
   Cizânias
6. Carla Lonzi
   Cuspindo em Hegel
7. Eva Meijer
   Os limites da minha linguagem

Maio
2025
Belo Horizonte
Veneza
São Paulo
Balerna